"新时代学校德育的改革与创新"丛书

新时代班主任专业素养进阶N个"怎么办"

（小学分册）

范 莉 主编

上海科学普及出版社

图书在版编目（CIP）数据

新时代班主任专业素养进阶N个“怎么办”. 小学分册 / 范莉主编 .-- 上海：上海科学普及出版社，2022.8

（“新时代学校德育的改革与创新”丛书）

ISBN 978-7-5427-8174-1

Ⅰ. ① 新… Ⅱ. ① 范… Ⅲ. ① 小学—班主任工作—德育工作—研究 Ⅳ. ① G631

中国版本图书馆 CIP 数据核字（2022）第 105979 号

责任编辑 陈爱梅

“新时代学校德育的改革与创新”丛书

新时代班主任专业素养进阶 N 个“怎么办”

（小学分册）

范 莉 **主编**

上海科学普及出版社出版发行

（上海中山北路 832 号 邮政编码 200070）

http：//www.pspsh.com

各地新华书店经销 上海商务联西印刷有限公司印刷

开本 787 × 1092 1/16 印张 16.25 字数 270 000

2022 年 11 月第 1 版 2022 年 11 月第 1 次印刷

ISBN 978-7-5427-8174-1 定价：56.00 元

本书编委会

主　编　范　莉

副主编　孙丽萍

编　委　姜丽霞　陈洪云

　　　　凌洁敏　费笑雯

丛书总序

【编书缘由】

党的十八大报告指出“把立德树人作为教育的根本任务”，对中小学培养什么人，如何培养人和为谁培养人指明了方向。为了贯彻落实这一根本任务，教育部颁发了《中小学德育工作指南》，强调：“该《指南》是指导中小学德育工作的规范性文件，适用于所有普通中小学。各地要加强组织实施，将《指南》作为学校开展德育工作的基本遵循，纳入校长和教师培训的重要内容，并将其作为教育行政部门对中小学德育工作进行督导评价的重要依据，进一步提高中小学德育工作水平。”为全国中小学在新时代改革创新学校德育工作和班级建设工作提供了一个具有普遍指导意义和可操作性的法规政策依据。

为了进一步贯彻落实《指南》精神，及时宣传推广上海市中小学的有效做法和鲜活经验，帮助广大学校德育工作者和班主任老师聚焦改革与创新的瓶颈问题，提高中小学校立德树人和建班育人的品质和水平，并形成相关的培训资源和课程，本丛书面世前，我们已经出版了《新时代班级劳动教育 N 个怎么办》《教育转型背景下学校德育 N 个怎么办》《教育转型背景下建班育人 N 个怎么办》等系列专著，受到了广大德育工作者和班主任的赞誉和欢迎，纷纷要求我们多出一些类似的书籍，以助推立德树人根本任务的有效实施，以赋能建班育人专业能力的进阶提升。为此，我们组织了一批上海市德育特级校长和特级教师以及十佳班主任和班主任带头人等，于 2019 年 11 月启动，历时三年有余，终于在中国龙年即将来临之时付梓，为新时代学校德育和班主任工作的改革与创新提供了可以“攻玉”的“它山之石”。

【丛书简介】

一、书名

丛书名为《新时代学校德育的改革与创新》，以全国中小学校长、班主任老师以及学校德育工作和班主任工作的管理研究人员为主要阅读对象，以“学校德育”和“建班育人”为子系列，以小学和中学（包括初中和高中）为单位，编写出版四本专著，分别为《新时代学校德育顶层架构N个“怎么办”》（小学分册）、《新时代学校德育系统建设N个“怎么办”》（中学分册）、《新时代班主任专业素养进阶N个“怎么办”》（小学分册）和《新时代班主任核心能力提升N个“怎么办”》（中学分册）。

二、内容

站在新时代的起点上，聚焦立德树人的根本任务，围绕学校德育的改革与创新，立足学校德育和班主任工作两个维度，以解决问题为导向，提供有效的做法和新活的经验。

《新时代班主任专业素养进阶N个“怎么办”》（小学分册）选取了来自小学一线优秀班主任的30篇育人案例和智慧故事，让我们清晰地看到了新入职班主任“初尝试”的十个应知应会、在岗班主任“做扎实”的十个管理艺术、骨干班主任“新跨越”的十个提升修炼等不同板块的内容和功能。

《新时代班主任核心能力提升N个“怎么办”》（中学分册）精选了37个“怎么办”，分别从“互联网+时代班集体建设能力”“有效组织开展班会活动能力”“家班合力开展家庭教育指导能力”三个方面切入，聚焦真问题，呈现真情境，采用“研训合一”的模式，提供了可以复制的解惑之招。

《新时代学校德育顶层架构N个“怎么办”》（小学分册）坚持顶层设计系统架构的思想，遵循纵向衔接、横向贯通、分层递进和螺旋上升的原则，精选了29个生动的案例，分五个篇章，为我们呈现了学校德育的目标与内容、方法与途径、评价与管理、组织与保障等体系的科学架构。

《新时代学校德育系统建设N个“怎么办”》（中学分册）围绕健全系统化落实机制，激发学校改革活力的主题，梳理了31个“怎么办”的具体情景，分别从课程实施、文化建设、活动组织、队伍培养、资源整合等五个方面，以问题为导向，瞄准难点和堵点，勾画了学校德育工作系统化落实机制的四个特征。

三、体例

瞄准新时代背景下学校德育和建班育人的若干个“怎么办”，呈现学校德育和班主任工作改革创新、实践探索的鲜活经验和有效做法，力求做到：上接天线，立意高；下接地气，针对性强。既有学术深度，又有时代创意，更有实实在在的解惑之道和实践之招，不仅提高了本丛书的应用性和实操性，更为破解中小学德育和班主任工作的瓶颈问题提供了具有借鉴意义和辐射价值的“道术器事”，凸显了丛书政治性、专业性、系统性、实操性和实用性的鲜明特点。

1. 情境导入：以叙事的方式，为标题中的“怎么办”提供一个具体的情景。

2. 问题归因：针对情景中的问题，分析出现这种现象的原因。

3. 理论分析：从理论的角度，证明标题中陈述句所表达的观点，分析其成立的理由。

4. 实践支招：为情景中的问题提供解决方案。

【作者队伍】

丛书由上海市中小学德育研究协会副会长、德育特级教师陈镇虎和上海市普陀区教育学院德育研究室主任、德育特级、正高级教师王萍领衔，担任丛书主编。各分册主编及编委如下：

1.《新时代学校德育顶层架构N个“怎么办”》(小学分册)

主　编：梁　莉　杜川嫣

副主编：吴晓丽　罗丽萍

编　委：王　槿　谢晓燕　徐巍炜　罗丽惠

2.《新时代学校德育系统建设N个“怎么办”》(中学分册)

主　编：叶文婷

编　委：王　宇　杨　岚　秦　蓁　周雯婕　陆春晔

3.《新时代班主任专业素养进阶N个“怎么办”》(小学分册)

主　编：范　莉

编　委：孙丽萍　姜丽霞　陈洪云　凌洁敏　费笑雯

4.《新时代班主任核心能力提升N个“怎么办”》(中学分册)

主　编：李　岩　胡　诚

副主编：黄晓雁　陈雪琴

编　委：孙丽凤　唐　燕　龙骋华　施金辉　李　静

由丛书主编及各分册主编组织120多位来自上海市中小学校一线的优秀校长、班主任以及市区研究部门的资深研究人员参加了丛书的编写。三年多来，他们克服了难以名状的重重困难，终于为我们奉献了一份丰硕的新春厚礼！透过浓浓的墨香，我们更能悟出丛书背后折射出的、凝聚在作者及其团队身上的精气神韵——一种由献身教育的初心、爱满天下的情怀、教育本原的执着追求和高远的教育境界等集聚而成的崇高精神；一种由锐意改革、开拓创新、攻坚克难、永不言败，仰望星空又脚踏实地的务本求实、追求卓越等涵养而成的浩然气概；一种由健康的价值观、高尚的道德情操、站在时代前头的学术水平，以及不言之教的人文力量和润物细无声的人格魅力等蕴藉丰润而成的动人神韵。我们看到了广大德育工作者包括班主任改革创新的足迹和成果，体验到了他们不断前行的艰辛和快乐，感悟到了他们知难而进、迎难而上的理想光芒。因此，确切地说，这是一本凸显教育初心、信念使命和专业素养的智慧之书，虽然都出自一线很平凡的德育工作者，却能给人以感动，启人以理性，催人以奋进，不负韶华，永续始终。也许这就是本丛书的力量之源泉。

——为此，我们脱帽喝彩，并致以崇高的敬意！

上海市中小学德育研究协会副会长、德育特级教师　陈镇虎

上海市普陀区教院德研室主任、德育特级正高级教师　王　萍

静水深流　育人无痕

（代　序）

老子云："万物芸芸，各归其根。归根曰静，静曰复命。"根是万物生命之源，回归根才是静，能静才回归生命。班主任工作是育人的事业，千头万绪，但都指向了一个根本——立德树人的教育根本任务。班主任的建班育人只有回归到这个根基，班主任工作才能焕发出旺盛的生命力和成长力。因此，班主任工作是极富有挑战性的。班主任群体，以自己的儒雅、智慧、纯真、童心和诗意，刻画着岁月丰歉的年轮，描绘着教育理想的蓝图。班主任工作核心是建班育人，每位班主任都在这个崇高的岗位上发挥着聪明才智，深耕细作，宁静致远，仿佛是风平浪静海面下涌动的潮流，水静而流深，平凡而伟大，体现了班主任对其工作的无限热爱和无痕追求。

涓涓细流成江海，点点星光映苍穹。本书为班主任工作N个怎么办的进阶实操，我们希望在循序渐进的班主任成长升级过程中，让小溪流变成深流，为班主任的工作汇聚成强大的力量，让班主任在专业成长的道路上越走越远。静水为生命原本平静如水的状态，深流为身心生机自然的勃发与流动。或许，静水深流比波澜壮阔更持久。因为，每一个教师在成为班主任之初，都怀着激情与梦想，都不甘平庸，也都会遇到挫折与坎坷。但有人破茧化蝶，涅槃重生；有人怨天尤人，碌碌无为。影响班主任成长的关键因素是什么？班主任的成长是否有规律可循？本书给出了肯定的回答——

我们选取了来自一线优秀班主任的30篇育人案例，也就是30个智慧故事，让我们清晰地看到了新入职班主任十个怎么办"初尝试"的应知应会；在岗班主任十个怎么办“做扎实”的管理艺术；骨干班主任十个怎么办“新跨越”的提升修炼等不同板块的内容和功能。我们相信，这是一本班主任必读教材：不管你是新入职班主任，还是在岗或者是骨干型班主任，都能与书中的案例产生共鸣。我们用“30个怎么办”更方便、更集中地分享了解决眼前难题的经验方案和理论解释，以便让班主任工作得到更便捷实用的专业指导，为班主任专业成长赋能助力。本书具有以下几个特点：

一是叙述模式相对固定。本册30个案例都有统一的叙述模式，分为六个板块：“小剧场”用案例的形式，提出问题，引起共鸣。“探照灯”则对问题进行科学归因，聚焦到问题中和观点上。“知识库”针对问题进行理论分析，阐述作者观点。“百宝箱”则是提供解决问题的经验与办法，进行实践支招；“智慧树”即他山之玉，分享优秀班主任的活动方案或者育人案例的实操性做法。最后一部分“练兵站”是留给班主任思考的问题或者实践的作业。从问题提出，到理性分析，再到解决方案的分享，最后留有思考和实践，形成一个学习闭环，有利于班主任的专业成长。

二是问题选择具有普遍性。本书选取的30个“怎么办”，都是编委们经过前期大量的调研，根据当前班主任工作中遇到的普遍问题搜集的不同阶段的班主任们工作中存在的共性问题，并对问题分类研读筛选而成。因此，每阶都能满足不同时期的班主任的实际需求。

三是案例注重研究和引导。本书每个案例都源于一线优秀班主任工作的实际，都是经过推敲研究的，是一些比较成功的案例，方法与策略具有一定的推广性与实操性，是读者解决眼前问题的帮手。同时，也引导读者加深对问题的理性认识，提升对问题的理论思考水平。

本书的编写，凝聚着一线优秀班主任的建班育人智慧。如何用比较轻松活泼的方式呈现给读者，编者们也是动足了脑筋，从小栏目名称的确定，到案列选择描述，一次次头脑风暴，一次次智慧碰撞，只为为广大班主任呈现出一本高质量的参考图书。值得说明的是，本书中的经验方法和理论阐述都是每位作者的个人观点，尽管学术和实践价值都很高，但是也仅供参考。因为毕竟每位班主任所遇到的问题都是独特的，解决班级管理和教育问题，也从来没有放之四海而皆准的唯一的方法。本书愿做一根高品质的手杖，在登顶的路上助您一臂之力，虽然登山终归还是要靠每位班主任自己的双腿。

雄关漫道真如铁，而今迈步从头越！成长注定不是一条坦途，但是只要在路上，就一定会有到达目的地的那一天。打开此书，你就已经走在了班主任专业成长的道路上了。

静水深流、育人无痕，愿热爱班主任工作的您，携着这根手杖，早日会当凌绝顶，一览众山小。

——是为序以共勉！

上海市实验学校　范　莉

上海市实验学校附属东滩学校　陈洪云

2022 年 10 月 16 日

CONTENTS 目　录

第一编
新入职班主任的应知应会
十个怎么办“初尝试”

导读……………………………………………………………………………………（003）

班级建设“初尝试”：不会制定班主任计划，怎么办？
——统筹力量，分析特点，探究实践……………………………秦　艳（007）

日常事务“初尝试”：无法应对繁多的班级事务，怎么办？
——学会放手，学会分类，学会借力……………………………王　程（015）

行规教育“初尝试”：管理不了班级纪律，怎么办？
——立足细则，强化训练…………………………………………王莹玉（021）

班级活动“初尝试”：无法有效开展班级活动，怎么办？
——聚焦实际，凸显特点，系列设计……………………………唐　红（028）

师生互动“初尝试”：学生不理解老师，怎么办？
——巧沟通，善倾听，勤换位，显关怀…………………………陈洪云（035）

家校沟通“初尝试”：第一次去家访，怎么办？
——激发教育自信，重视家访初见，展现积极态度………………姜丽霞（042）

处理安全事故“初尝试”：有小朋友受伤了，怎么办？
——及时处理，关心关怀，公平公正……………………………封　芬（049）

学生评价“初尝试”：不知道如何写学生评语，怎么办？
——善用“放大镜”，铺好“长阶梯”，写出“新花样”……………柳小飞（057）

同事交往“初尝试”：与学科教师产生误解，怎么办?
——勤沟通，立威信，常互助，显豁达 …………………………… 陈洪云（064）
自我发展“初尝试”：新入职班主任产生迷茫，怎么办?
——精神成长，专业成长，个性成长 …………………………… 王月华（070）

第二编
在岗班主任的管理艺术
十个怎么办“做扎实”

导读…………………………………………………………………………（079）
无法平衡网络这把双刃剑，怎么办?
——在“互联网+”背景下建班育人…………………………… 陈丹华（084）
学生心理状态起起伏伏，怎么办?
——以“心育”促进学生健康成长 …………………………… 徐澄怡（091）
学生缺少职业发展意识，怎么办?
——以“规划”引领学生生涯发展 …………………………… 林炜鸽（098）
“温馨教室”建设没有创意，怎么办?
——让“时尚”助推班级文化 ………………………………… 张　薇（107）
遇到有“个性”的孩子，怎么办?
——让“个性”成就花样少年 ………………………………… 凌洁敏（114）
遇到偶发事件措手不及，怎么办?
——让“危机”成为“转机”…………………………………… 瞿　帅（121）
家长对学校教育“指手画脚”，怎么办?
——让家校“合力”1+1 > 2……………………………………… 孙施骄（128）
学生不爱劳动、不会劳动，怎么办?
——让孩子们拥有一双“勤劳的手”………………………… 陈怡雯（135）
学生缺乏一双发现“美”的眼睛，怎么办?
——让“美育”点亮少年生活 ………………………………… 闵峥艳（143）
“风一般”的少年容易受伤，怎么办?
——让“安全之花”绽放校园 ………………………………… 费笑雯（150）

第三编
骨干班主任的提升修炼
十个怎么办“新跨越”

导读……………………………………………………………………（159）
专业发展力求突破瓶颈，怎么办？
——在内驱力中走向卓越 ……………………………………范 莉（165）
提高班主任理论素养，怎么办？
——在学习中增强底气 ……………………………………郭海燕（173）
遇见新时代背景下诞生的育人新问题，怎么办？
——在规划中实现愿景 ……………………………………陈颖佳（180）
班主任工作实效达不到预期效果，怎么办？
——在反思中提升实效 ……………………………………施舜华（190）
借助科研助力班主任工作，怎么办？
——在研究中探寻规律 ……………………………………陈 燕（197）
班主任工作缺乏激情，怎么办？
——在创新中彰显特色 ……………………………………张 磊（205）
带教新班主任，怎么办？
——在示范中引领辐射 ……………………………………杜伟清（213）
班主任工作总是停留在“泛泛而谈”，怎么办？
——在实践中总结经验 ……………………………………张 慧（220）
育人沟通中遇到阻力，怎么办？
——在沟通中形成合力 ……………………………………张旭婷（227）
班主任工作进入倦怠期，怎么办？
——在体验中完善自身 ……………………………………王艳萍（235）

第一编

新入职班主任的应知应会

十个怎么办“初尝试”

导读

“新入职班主任上岗培训”是适应性培训，聚焦十个“初尝试”，帮助新任班主任适应新角色、新任务，侧重于班主任工作的基本规范、基本技能。

●培训对象

上岗 1 年以内的小学班主任。

●培训目标

坚持“先培训后上岗”，聚焦班主任工作中众多的“第一次”实践，帮助新任班主任适应新角色、新任务、新要求，了解班主任工作的基本内容，掌握班主任工作的基本规范，锻炼班主任工作的基本技能，提升班主任工作的基础素养，增强做好班主任工作的责任感和使命感，激发对班主任工作的热爱之情。

●培训课时

30 课时

●培训内容

单元一　班级建设规划中的初尝试（3 课时）

单元目标

学会根据学生的发展状况，引领学生建立班集体发展目标，制定班级的学期发展计划。

单元内容

（一）进行科学的班情分析是班主任工作的逻辑前提

（二）制定适切的班级目标是班集体发展的核心动力

（三）安排有序的工作计划是班集体建设的工程蓝图

单元二　班级公共事务中的初尝试（3 课时）

单元目标

了解并学会安排班级的基本事务，设置班级岗位及其职责，民主选举班干部队伍并指导运行，掌握班级事务管理的基本内容、工作策略和组织方法。

单元内容

（一）学会布置教室环境：安排学生座位，整理教室中物品，布置教室墙面，出黑板报等

（二）学会设置班级岗位：设置班级岗位及其职责，安排值日生，班级岗位履职检查与指导等

（三）学会组建班干部队伍：组织班干部民主选举，制定班干部的岗位职责，召开班干部例会，举行班干部述职与学生评议等

（四）学会制定班级规章制度：班级规章制度的教育功能及制定原则，班级规章制度的主要内容及执行策略等

单元三 行为规范教育中的初尝试（3课时）

单元目标

了解学生行为规范教育的基本属性和主要内容，知晓开展行为规范教育的原则策略和方法途径，学会根据学生需要和针对现实问题进行良好习惯养成教育的操作技能，引导学生不断提高自身的行为品质。

单元内容

（一）行为规范教育是培养良好行为的养成教育

（二）行为规范教育应坚持标准引导和行为训练

（三）行为规范教育实施方案的设计与组织落实

单元四 班级活动开展中的初尝试（3课时）

单元目标

了解班级活动的育人功能，掌握班级活动设计与组织的基本内容和策略，学会根据教育要求和学生实际选择主题开展活动，勤于实践、善于反思，提升班级活动的策划和组织能力。

单元内容

（一）开展班级主题教育活动的价值取向

（二）有效开展主题教育活动的主要策略

（三）主题教育活动方案设计的基本要求

单元五　师生人际交往中的初尝试（3课时）

单元目标

了解师生关系的本质属性，充分认识良好师生关系的重要性，对接学生的交往需求和话语体系，掌握增进师生之间话语交流、信息交流、情感交流的途径与方法，建立真诚、平等、相容、悦纳、和谐的师生关系。

单元内容

（一）师生关系是具有共生性和生命感的主轴关系

（二）营造良好师生关系是创新班级生活的突破口

（三）对接需求和特点是营造和谐关系的关键策略

单元六　家校沟通合作中的初尝试（3课时）

单元目标

认识家校合作的重要意义，尊重家长的教育权利，了解家长的教育需求和家庭教育的基本情况，掌握家校合作的基本策略和途径。

单元内容

（一）家校沟通合作中的基本常识和注意事项

（二）运用新媒体开展家校沟通的技术和艺术

（三）家校沟通合作中N个第一次的个案分析（第一次家访、第一次召开家长会、第一次组建班级家长委员会、第一次举行家长讲座、第一次开展家校合作项目等）

单元七　安全事件处理中的初尝试（3课时）

单元目标

了解学校安全教育的内容，以及学校安全事故报告与处理等制度，学会有效处理班级中的突发事件，积极预防校园和班级安全事故的发生。

单元内容

（一）有效处理班级突发（安全）事件是班主任的重要职责

（二）有效处理班级突发（安全）事件的原则、程序和技能

（三）有效处理班级突发（安全）事件案例分析和经验介绍

单元八　发展性评价中的初尝试（3 课时）

单元目标

了解发展性评价的特点、内容和基本原则，能准确描述和判断每个学生的不同特点及其发展潜力，为学生提出适合其个人发展的建议，掌握发展性综合评价的技术和艺术，满足学生终身学习的需要。

单元内容

（一）发展性综合评价是学生持续成长的动力源

（二）学生核心素养是发展性综合评价的重要依据

（三）发展性综合评价应遵循的基本原则和策略

单元九　和同事交往中的初尝试（3 课时）

单元目标

能够和同事积极沟通，共同协作，主动构建和谐的同事关系，掌握和同事交往的基本技能和原则。

单元内容

（一）班主任要有谦虚好学的品质

（二）班主任要有主动沟通的态度

（三）班主任要有交流合作的能力

单元十　新入职班主任职业发展初尝试（3 课时）

单元目标

学会积极解决问题的方法和途径，有积极为先的态度。正确认识制定职业发展规划的重要性，能为班主任职业生涯提供持续动力，并获得职业的幸福感。

单元内容

（一）落实职业生涯短目标，确立职业发展动力源

（二）拟定职业生涯小策略，探寻职业发展的路径

（三）端正职业生涯好态度，积累专业发展的底蕴

班级建设“初尝试”：不会制定班主任计划，怎么办？

——统筹力量，分析特点，探究实践

秦　艳

凡事不预则废，班级建设也是如此。在学期开始时，制定一份可行的工作计划非常重要。它既是一个班主任自身教育理念的体现，也是具体开展班级工作的纲领。一份合理可行的计划，能让班主任在千头万绪的工作中理清思路，有的放矢地开展各项教育教学活动。

小剧场

小刘老师从师范学校毕业后，如愿进入一所小学当老师，并担任了班主任。在新学期伊始，她自信满满地制定了一份班级工作计划。她根据自己的教育理念设计教育活动。她还主动查阅资料，参考他人计划，对她所设计的各项教育活动如何实施，进行了细致的安排。她想，有了这份计划，她的班级管理工作定会有条不紊。

但是现实却不如此，来自市、区、校等各级层面的活动，经常让她手忙脚乱，每次压着底线完成，使她产生疲于应对的感觉；班级里的学生状况百出，周旋于不同的孩子与家长之间，她觉得力不从心。一个学期下来，回顾她的班级工作计划时，她大吃一惊。自己这个学期忙忙碌碌，但当初计划里条条框框列举的内容，大多没有完成。到底是哪里出问题了？小刘陷入了沉思。

探照灯

小刘老师的班级工作计划为什么“落空”了呢？

一、计划缺乏统筹性

班级教育管理工作是一个有机体，它自然承担来自市、区、校等各级层面的教育任务。如果老师在制定班级工作计划时缺少前瞻性，没有事先了解各个层面在本学期可能会开展的主题活动；或者没有预留空间，将计划按照自己的设想塞得满满的，就会出现手忙脚乱的情况。

二、计划缺乏针对性

小刘老师在制定班级计划时，并没有分析自己班级的具体情况，以及所在学校的教育特色等，而是依据自己在读书期间学到的知识和她临时查找的资料。就使最终形成的班级工作计划缺乏针对性，也就失去了对日常教育实践的指导意义。

三、计划缺乏可行性

作为新手班主任，小刘老师拥有足够的教育热情，但缺少基于教育实践所累积的经验。换句话说，小刘的班主任计划是空泛的，因为它脱离了实际，缺乏一定的可行性。这也导致在实际班级管理工作中，小刘老师陷入了无头绪忙碌的状态。

知识库

一、一个中心

教育是培养人的社会活动，教师肩负着育人的责任。作为班主任，工作中心是实现学生的生命成长，一切教育管理工作都是为学生的成长而努力。在制定班主任工作计划时，心中要有学生，要以立德树人为根本，围绕新时代社会主义核心价值观，精心设计组织各项活动。

二、两个载体

作为学校育人的主阵地，课堂学习与教育活动是班主任开展工作的两大载体。学习习惯的培养，良好学风的形成，是班风建设的重要组成部分，它离不开教师课堂学习时的渗透与引导。多种多样的教育活动，不仅能让主题教育落地，而且能够让不同学生以不同形式展现个性风采，寻找个体自信力，形成班级凝聚力，实现班级整体优势的互补与共生。

三、三个力量源

班级培育是一项系统工程，如果仅仅盯着班级本身，就容易陷于班级繁琐的事物中，劳累不堪却又收效甚微。学校、家庭、社会是班级建设的三个力量源泉。一份好的班主任计划，要兼顾学校内外，师生之间，班级之中，统筹各方资源，为实现班级目标服务。

百宝箱

新学期，新开始，意味着新的工作任务。怎样制定新计划，迎接新挑战呢？在这里，提供几点制定班主任计划的思路和方法，以供大家参考。

一、确立教育指导思想

理念是行动的指导者，有什么样的教育理念，就决定了有什么样的教育行动。班主任在制定工作计划时，要以国家教育方针为指导，以立德树人为核心，遵循教育规律，遵循学生身心发展规律，以学生为本，根据不同学生特点施以不同的教育。落实计划时，要心中有爱，以爱育人，凝聚家、校、社多方力量，共同建设活泼团结、文明向上的班集体。

二、明确班级发展目标

指导思想明确以后，要结合学校的培养目标和班级现状，确定班级发展目标。

1. 充分分析班级现状

要制定一份切实可行的班级工作计划，班主任必须对班级情况有全面的了解与分析。这是制定计划的前提条件。首先要了解学生，了解学生的家庭环境，了解学生的体质特点，了解学生的品德与行为习惯，了解学生的优势与不足。其次还要了解家长，了解家长的育儿理念，了解家长的亲子相处模式，了解家长的课程资源等。对班级状况全面了解之后，才会有教育学生、培育班级的基点。

2. 师生共同确定目标

共同理想是凝聚一个集体前进的向心力。确定班级目标时，既要考虑学期与学期之间的衔接，又要考虑目标实现的量变与质变过程。班主任要学会重心下移，发挥学生的小主人翁意识，调动学生积极参与班级目标的制定。结合学校教育主题，立足学生发展需要，师生共同讨论确立，所制定的目标就能扎根于班级教育实际。

三、确定班级工作要点

工作要点是班主任在一段时间内的工作重点，是班级计划总目标的分项落实。在计划中，班主任可以将班级发展目标落实于常规工作和特色工作两个方面。常规工作包含每日考勤、课间管理、卫生督促、安全教育等，这部分工作比较繁琐，贵在细心与坚持，计划时可以充分考虑发挥小助手的作用。特色工作则是根据对学生状况的分析，通过班级特色活动的展开，让学生展现优势，绽放光彩。

四、细化具体工作安排

围绕班级发展目标，将工作要点分解细化。细化的内容可从班级常规、特色活动等不同方面进行分述，内容的着手点尽量小而实，能于细微之处给予学生有针对性的教育与引导；也可以以时间为线索，将具体安排细化到每月、每周，甚至每日之中，让班级里的每名学生，都清楚每月、每周，甚至每日该做什么。这也有利于班级学生进行自我管理。需要特别提醒的是，不必把每日的工作计划安排得满满的，要为各种非常规工作，如临时任务等，留有落实的空间。

智慧树

水滴石穿，以爱育人

——四（11）班班主任工作计划

一、指导思想

以习近平新时代中国特色社会主义思想为指导，深化落实中共中央、国务院《关于进一步加强和改进未成年人思想道德建设若干意见》。以《闵行区教育改革与发展“十三五”规划》为指引，以区域教育“优质化、信息化、国际化、个性化”为整体发展目标。以“明事理、明自我；强体魄、强精神”的“两明两强”校训为依托，建设有特色的班级新生活。

二、班级发展目标

（一）班级整体情况分析

整个班级发展稳定，学生主动，日渐有自己的想法。

优势分析：1. 本班学生心地善良，能为他人着想；2. 大部分学生的学习水平有所提高，主动学习的意识开始养成；3. 全班同学参与活动有较高积极性，各项能力较均衡；4. 学生的自我管理水平显著提升，部分学生具有较强的活动组织与策划能力；5. 本班家长整体素养高，每次班级主题活动都能积极参与，全力支持。

劣势分析：1. 部分学生的学习态度有待端正，特别是在持之以恒的毅力与不怕困难的精神方面，尚待加强；2. 有些学生自我管理能力较弱，尤其是男生，需要进行责任感方面的教育和引导。

（二）班级发展目标

基础目标：以立德树人为根本，以社会主义核心价值观为主旨，以“明事理，明自我；强体魄，强精神”校训为指导，以“一班一品”班级文化创建为抓手，加强培养学生做一个“规范礼仪明，民族精神强，科学素质高，人文素养好”的新时代明强人，逐步打造一个优秀的特色班集体。

发展目标：1. 形成规范的行为表现，彰显明强学子优秀风采；2. 养成良好的学习习惯，积极促进班风建设；3. 以劳动教育为抓手，开展系列班级活动，丰富孩子们的学校生活；4. 加强家校沟通，构建积极向上的班集体。

三、班级工作要点

（一）根据学生成长状态树立规范，形成可操作的班级劳动教育体系

以《一日行三字礼》行规为准则，并以配套的视频、儿歌等多种方式积极引导，将行为实践与品质养成有机结合。以五育融通的大劳动教育观为指导，积极探索家校社三方联动的劳动教育途径。

（二）对学生进行思想和行为习惯教育，提高班级德育教育的实效性

根据学校的行规要求，结合班级实际存在的问题，具体从以下几点来落实：一是关注课间，有效落实微社团活动；二是关注卫生，创建安静整洁的教室；三是引导同学之间的关系处理，形成和谐友爱的班级氛围。

（三）密切家校联系，形成家校合力

经常与家长联系，及时得到各方面问题的反馈，细化家校沟通与合作的策略和方法。进一步开展家长进课堂活动，挖掘优质家长教育资源，拓展“彩虹爸爸进课堂”活动的广度与深度，让更多爸爸参与到孩子的教育过程中，共同为孩子的成长助力。

（四）加强行偏生指导，注重关怀教育

在面向全体学生的同时，加强对行偏生的指导。从关心爱护学生的角度出发，随时走近学生，及时了解他们的心理变化，并在了解的过程中，实现共情理解。巧设班级小岗位，挖掘行偏生的闪光点，从正向激励的角度，矫正不良行为。成立班级互助小组，用同伴群体的引导力与约束力，规范行偏生的行为，强化良好班风对学生个体成长的影响力。

四、具体工作安排

开展活动主题计划	
9月	1. 教育要点：晨进校，问候礼；整仪表，形象礼；轻慢行，安全礼 2. 春季系列活动之一：开学典礼暨开学第一课 3. 上交各类暑假作业，评选暑假小能手 4. 策划班级"一班一品"主题系列活动并落实 5. 四年级大手牵小手辅导员培训活动 6. 开展课间、午间微社团活动 7. 开展"我们的节日——中秋节"系列活动 8. 参加区中小学图书捐助公益活动 9. 开展"尊师节"活动（小强强秘密行动） 10. 参加七宝镇毒品预防教育工作 11. 参加学校第22届少代会活动 12. 开展迎国庆、重阳系列活动
10月	1. 养成教育要点：多微笑，悦纳礼；列队齐，仪仗礼 2. 参加校第21届少代会：上交提案、换届改选 ……
11月	1. 养成教育要点：迎国旗，注目礼；做两操，健身礼；善倾听，互学礼 2. 品秋季系列活动之"科技节" ……
12月	1. 养成教育要点：勤思考，明智礼；愿表达，分享礼 2. 暖冬季系列活动："国际文化节" ……
1月	1. 养成教育要点：会自学，钻研礼；好读书，博学礼 2. 暖冬季系列活动："我们的节日——元旦" ……

练兵站

不会制定班主任计划，怎么办？只有统筹各个层面的教育力量，细致分析班级特点，探究班级教育实践，才能制订出一份科学具体、切实可行的班主任计划，才能保证班主任在工作中始终有方向，能有条不紊地推进工作。

请结合学校发展目标，基于学生和班级特点，设计一份科学有效的班级工作计划吧！

作者简介

秦艳，上海市闵行区七宝镇明强小学，曾多次获闵行区记功，闵行区“论坛之星”教学评比一等奖，闵行区立德树人先锋党员等。撰写的论文曾获上海市论文评选二等奖，先后有文章发表在《现代教学》《闵行教育》等杂志。

日常事务“初尝试”：无法应对繁多的班级事务，怎么办？

——学会放手，学会分类，学会借力

王　程

班主任，作为班级大事小事的第一责任人，日常工作非常繁琐。不仅要教好自己的学科，还要管理好整个班级的学生，要面对家长，要学会平衡各任课老师之间的关系，与此同时，还要应对上级各类紧急通知，处理学生突发事件等。那么在这繁多的班级事务中，作为一个新班主任该如何有策略地高效完成自己的工作呢？

小剧场

“小王老师，你们班级的活动材料还没交，明天就是截止日哦！”

“小王老师，这学期的保险费记得收上来哦！”

“小王老师，我家孩子今天衣服穿多了，麻烦您提醒他把衣服脱掉。”

“王老师！小朱把我的铅笔弄坏了！”

“王老师，我流鼻血了！”

……

每天睁开双眼，“叮叮叮”钉钉里信息提示音不断响起，学生的报告声也在耳边回荡。刚入职一个月的小王老师坐在椅子上，看着电脑屏幕周边五颜六色的便利贴上密密麻麻的待办事项：布置黑板报、文化墙、交工作计划……

她呆呆地望着窗外，心想：为了有更多的时间做好班主任工作，自己申请住校，每天七点投入工作，晚上11点半才结束，可即便是这样，还是有做不完的事。每天疲于应付都来不及，更不用说把工作做扎实做精细。哎，面对这么多的班级事务，我该怎么办呢？

探照灯

难道每个班主任都那么难吗？答案显然是否定的！那么究竟是哪里出问题了呢？

一、习惯做"保姆型"的班主任

许多新班主任责任感非常强，凡事喜欢亲力亲为，眉毛胡子一把抓，但班级事务实在繁琐，长此以往会导致事情积压太多，令人摸不着头脑，不知道该从何处下手。这样一来，做事失去了条理性，导致工作越做越多，人也会越来越焦虑，对班主任的身心发展也是不利的。

二、处理事务缺乏经验

很多新班主任由于缺乏经验，工作中遇到问题，经常找不到解决问题的好方法，即使解决了也需要花费很多时间。处理事情的效率不高，致使工作堆积得越来越多，形成恶性循环。长此以往就会发现，工作事务越来越多，班主任工作越做越疲惫。所有事务仿佛一个连环扣，永远都在处理过程中。

三、缺乏时间管理和工作分类能力

做事情学会分轻重缓急是非常重要的，有些新班主任不知如何合理分配时间，总是在事情出现时马上去解决，产生一件事情没完成另一件事情又开始了的现象，导致工作越做越混乱。同时，不会为手头上的工作分类，导致工作越做越累。

知识库

一、一个"核心"

班级所有事务都以"班集体建设"为核心，紧紧围绕这一核心，班主任需要制定班集体近期、中期、远期的发展规划，制定不同发展阶段中的具体任务，根据不同发展阶段的特点采取相应的策略。

二、两个"建设"

一是班干部团队的建设。班主任要从起始年级开始就有意识地培养班干部。在平常学习生活中，指导班干部进行常规管理工作，给各个中队委员明确不同的职责。班主任负责统筹管理，定期召开班干部会议，明确阶段任务，班干部们各司其职，分管班级事务。

二是家委团队的建设。岗位可分为会长、副会长、策划部长、财务管理部长、宣传管理部长、后勤保障部长等。采取自愿申报，民主选举的方式。同时，让家长们明确班级家委会的一切都是公开透明的，以免引起家长们之间的矛盾。家长委员会成员的参与意愿决定了家委会的工作效率，所以建议班主任请有热情、有爱心的家长参与进来。

百宝箱

那么在实战中，我们该如何迅速高效地完成手头的工作呢？

一、拒绝"保姆"，学会放手

叶圣陶先生说"教是为了不教"，那么班级管理也应该是"管是为了不管"。管理的最高境界是让学生自我管理，做到老师在与不在一个样。

班主任要根据每个学生的个性特点进行合理分工，充分发挥他们的主观能动性。例如，目前提倡劳动教育，教师就可以从班级的各项劳动入手，设立班级小岗位，由学生去包揽班级各项劳动事务，做到人人有事做。从班里的多媒体设备、图书、门、窗、灯的管理到班级植物的养护，人人有义务去维护，这样能培养学生的责任感和主人翁意识。当然，班主任也不能一开始就完全放手，要从“教”到“导”再到“放”，循序渐进地进行。同时，借助班级班干部的力量协调落实好常规日常工作。

事事亲耕是一种很好的精神，但有时候学会“放手”反而是一种智慧的表现。

二、时间管理，学会分类

我们在处理繁多的事务时，虽然有详细计划，但常常因没有及时去做，导致计划落空。因此，参考时间管理的“四象限法则”，应把主要的精力放在重要但不紧急的事情上，它需要我们合理安排时间。一个好的方法是制定计划，制定计划的目的是把那些重要而不紧急的事情，按部就班地高效完成。因此要学会怎么样制定计划，怎么样做准备。

除了要学会时间管理以外，还需要学会给自己的工作分类。我们的工作大致可以分为决策性工作、协调性工作和事务性工作这三个方面，班主任应该更多地承担决策性工作，如班级发展计划等。而一些相对比较简单的事务性工作，可以指导学生去做，发挥学生的主观能动性。

三、合作共赢，学会借力

班级管理不是班主任一个人的事情，仅仅靠班主任一个人的力量肯定是不够的，只有团结一切可团结的力量才能高效地完成班级事务，那么我们就需要联合任课教师、家长一起来管理班级，家校合作才能使得教育的成效最大化。

在学期初期，班级需要购置一些布置物品和生活必需品时，班主任可以联系家长统一购置。

在一些传统节日，往往需要我们策划一些班级活动，此时我们可以邀请家委会和家长志愿者共同参与，这样，不仅可以增进家长和老师之间的默契度，也可以增进家长之间的感情。

班主任在工作中难免会遇到一些难以解决的问题，与其抱怨和焦虑，不如放手大胆去做。

当我们不断探索的时候，你会发现学生很可爱，家长很友善，任课老师都是很好的同行者。

智慧树

携手，共赴美好

——记班级家委会团队的建设

犹记得，第一年当班主任时候的“焦头烂额”，明明自己很努力，却总也做不完手头的工作，内心常有一种挫败感，是我不适合做班主任吗？

如何进行班级管理，我不断学习探索，现在学会借力家长，在他们的协助下，既减轻了我的工作量，班级的很多活动又能顺利开展。

我新接班的第一件事，就是建立家委会。那么如何组织家委会的成员呢？可以“有心、有时、有力”为参考标准。在新班级的建立之初，一般都会有新生的全覆盖家访，在了解学生的同时，我们也在初步了解家长。一个班级家访完成，我们要在心里做一个预判：哪些家长的教育理念与老师相合、是否有充足的时间、是否明事理、是否有胸怀、是否有能力、是否有资源可为班级提供等。在初步了解之后，我们在需要家长志愿者时，就可有意识地邀请有条件的家长来帮助学校开展活动，在活动中对家长能有进一步的了解。对家长们有一定了解之后，在面向家长进行家委会报名投票时，我们可稍微做一下引导，毕竟这些家长为孩子们的付出，其他家长也都有目共睹。由班级家长投票选出的人员必定是被认可的，那么在后续的工作中，也能得到最大的支持，这样才能方便班级工作的开展。

接着，是家委会的建设。成立家委会之后，我对这些家长进行分工。会长、副会长的职责是负责统筹管理，直接与班主任老师沟通反馈班级家长舆论动向，方便班主任及时作出解释；策划部长主要提供一些开展活动的想法和点子；财务管理部长主要负责班级资金的管理，定期向班级全体家长汇报财务支出明细；宣传管理部长主要是负责运营一些宣传班级文化的平台，比如班级的公众号，家长们可以向任课老师征集一些照片，就班级开展的活动精彩瞬间做一个记录；后勤保障部长主要是帮助班级采购一些物品，包括生活用品和活动所需的布置用品。班主任可以定期给家委会的家长们开会，汇报班级情况，同时布置一些新的任务。

最后，发挥家委会的力量。班级的各项活动有了家长的参与，必定更加精彩。我们学校有“五节”文化，其中的“星星节”是我们学校的特色项目。每一年“星星节”都有一个大型观星露营活动。班级需要结合主题设立一个摊位，配合开展学校的集市。我首先开了一次家委会会议，把主题和一些必须呈现的内容交代好，和家长们一起商议摊位的制作和摊位中班级需要的题目和小奖品。明确好内容以后，家长就开始行动起来了，会长统筹，副会长紧盯进度，策划的家长提供创意列出清单由后勤负责采购，财务记账……一切有序进行。期间，我会联系会长询问进度，如是否需要帮助，需要我配合做些什么，然后一件件落实。最后，在“星星节”上，我班的花车精彩夺目，摊位“生意”火爆，引人流驻足欣赏。

那天，我站在旁边静静地看着，露出了欣慰的笑容，刚做班主任时的焦头烂额、各种慌乱烟消云散了……

练兵站

作为一名新班主任，要学会布置教室环境、学会设置班级岗位、学会组建班干部队伍和学会制定班规等，请选择自己工作实际的一个“学会”，撰写一个班级组织管理中的教育案例，并和同伴交流分享。

作者简介

王程，上海市实验学校附属东滩学校，曾获上海市崇明区优秀班主任称号，所带的中队曾被评为崇明区四星级班集体。

行规教育“初尝试”：管理不了班级纪律，怎么办？

——立足细则，强化训练

王莹玉

初职教师习惯将注意力集中在教学质量上，殊不知一个班级纪律的优劣直接关系到听课质量和教学成效。面对管理不了班级纪律的情况，新手班主任该如何应对呢？本文提出以《中小学学生守则》为主要内容，立足学生生活实际和校情，制定行规教育实施细则，以争章活动为载体，增强行规教育训练的实效性。

小剧场

广播操结束，同学们陆续回到了教室。上课铃声响起，教室里依旧喧闹不已。新上任的班主任刘老师走上讲台准备说话，似乎没有学生在关注她，有的在聊天，有的在嬉闹，教室里热闹得仿佛一个菜市场。刘老师大声说：“大家安静！别讲话了！”可是教室里依旧闹哄哄。刘老师气得直拍桌子，“砰砰砰”的声音总算使得教室安静下来，可是大家一看讲台上是刘老师，又自顾自地聊起了天，丝毫没有把老师放在眼里，弄得刘老师尴尬不已，甚至有些伤心。

相信有不少“新手上路”的班主任都会遇到管理不了班级纪律的情况，该如何应对这样的困境，成为一个会控班的“艺术大师”呢？

探照灯

究竟是什么造成刘老师的尴尬境遇呢?

一、教师缺乏"威信"

许多新教师由于资历较浅,在处理许多问题中无法做到公平、公正,处理方式较为单一,缺乏威信,无法凝聚班级力量,不被学生信服,自然也无法有效管理班级的纪律了。

二、班级缺乏"公信"

公信力,是指使公众信任的力量。"新手上路"的班主任与学生之间由于缺乏了解,学生对老师缺乏信任与尊重。如果班主任具有较强的公信力,可以树立良好的班风、学风;班级干部具有较强的公信力,可以在班集体中树立良好的榜样和传播正能量。一些纪律失控的班级,缺乏的就是班主任和班干部队伍的公信力,无法凝聚集体的力量。

三、家校缺乏"共情"

学生对待老师的态度也折射出家长对待"新手"班主任的态度,由此可见家校互动缺乏共情。家长对这位老师的很多想法就会直接影响到孩子,也无形之中对班主任教育学生形成了"看不见的阻力"。

知识库

一、两大"法宝"

树立班主任的威信和公信是管理班级纪律的两大"法宝"。教师唯有树立威信,公平公正地对待每一个学生,严格遵照班规处事,才能达到"不怒自威"的管理成效。同时,好的管理思路必须建立在很高的公信力基础上,唯有得到学生认可,才能提升管理的成效。

二、两把“金钥匙”

班主任要给予每一个学生充分的尊重和重视，与学生达成一致的认同感，学生就容易产生归属感，这种归属感会引导学生积极与教师进行合作，最终形成一个关系融洽、秩序良好的班集体。因此与学生建立认同感、帮助他们获得归属感，是管理班级纪律的两把“金钥匙”。

三、两股“助推力”

作为一名初职班主任，要想管理好班级纪律，还需利用一切可利用的资源。首先，任课教师的助力不容忽视，可与所有任课教师达成共识，一同监管和督促学生行规，达成“人和”效果；其次，在教育过程中可以争取得到家长的认可和支持。通过家校合作协同育人，助推学生健康成长。

百宝箱

俗话说，办法总比困难多。管理班级并不难，关键在于要用对方法。在这里，给大家提供一些管理班级纪律的方法，为实践提供些思路。

一、《学生守则》人人明

要想管理好班级纪律，首先要带领学生学习《中小学学生守则》，明确在小学阶段的行为规范要求。随即，可通过讲班级故事、发现“闪光点”、树立榜样等方式用身边的事例，选取《守则》中的一点展开教育。最后，可以采用写一写、画一画的方式对《守则》进行拓展式学习，通过交流、分享、实践、评价等方式将《守则》牢记于心。

二、《班级公约》齐制定

《班级公约》是班级管理制度的体现，它是同学们共同制定、认可的规则。制定前要先结合班级情况有针对性地选择内容，可包含行规要求、学习要求、集体活动要求等内容；《班级公约》的文字尽量简洁好记；制定完成后要贴在班级中展示，随时提醒学生，以达成集体共识，营造和谐班风。

三、“班级规则”必遵守

对于班级制定的规则，要人人遵守。班主任对待学生要公平公正，奖惩分明，边界清晰，以“共同约定并认可”的规则来处理。尤其是处理问题时要问清缘由、调查全面，不能武断。

教师还可以发挥德育课堂主阵地，引导学生树立正确的人生观、价值观，培养学生的规则意识、规范学生行为。

四、“干部团队”树榜样

班干部团队是班主任管理班级的“左膀右臂”，建立一个正气、坚实的班干部团队十分有必要。首先民主推选，学生可以自荐或他荐的方式进行竞选，被大家投票推选出来的班干部要定期培训，根据学生不同特点安排工作岗位；其次，要完善和健全班干部评比机制，让每个同学都有评议班干部的权利；再次，班干部要以身作则，有担当和责任意识，班主任要重视对班干部的思想教育，同时指导有效管理方法。一个有公信力的班干部团队才能有效凝聚班集体力量，充分发挥榜样作用。

五、“知心朋友”我来当

班主任对学生除了进行集体教育，更要充分走进学生内心，开展个别教育，重点关注那些有“特殊需求”的学生。

教师可以给自己制定目标，每周深入了解1~2名学生，并制定观察追踪档案，走进学生内心，全面了解每一个学生，学会换位思考，发挥共情作用，真正成为他们的朋友。

六、“家校共育”获双赢

作为初职教师，获得家长的信任和支持尤为重要。教师可通过家访、家长座谈、家长会、多媒体家校沟通等形式与家长进行交流；也可以定期发放专题性的《告家长书》，通过“回执”的方式向家长咨询对班级工作的意见和建议；或者针对班级某一习惯的培养，利用多媒体渠道指导家长科学、智慧育儿。班主任还可以发挥家委会的作用，在家长群中输送行之有效的育儿方法，营造良好的家校共育氛围，助力孩子成长，实现教育双赢。

智慧树

点亮楷模之光，争做"静能量"勇士

——三年级3班行规评比之"静能量"争章活动

一、活动目的

1. 感受到安静的魅力，明白"静以修心""静能生智"的道理。

2. 做到"入室即静，入座即学"，课间能文明休息，养成安静学习、安静休息、安静看书、安静做作业的好习惯。

二、活动过程

（一）德育课堂我做主

1. 发现问题

为了能让学生更全面地认识问题，教师在课间拍摄了同学们课间休息的小视频；随后运用问卷开展家校互动；通过德育课堂，激发学生思考，引导他们自己发现问题所在。讨论后，同学们纷纷表示确实最近班级的纪律退步了，还反思了"因为课间喧哗导致听不到上课铃声"，以至于行规检查被扣分了。

2. 探讨问题

引导班干部以"课间班级非常吵闹，怎么办？""总有人影响班级纪律，怎么办？"两个主题，共同探讨班级"不安静"的几种表现以及喧闹造成的不良后果。学生们纷纷表示确实因此而出现情绪烦躁、无心学习、不抓紧时间、错过课前准备、影响班级荣誉等不良影响。

3. 解决问题

引导学生以小队为单位，开展"安静"科学小探究，精心制作探究报告。十分钟队会课上，各个小队自信展示，从不同角度介绍了"安静"带来的好处，同学们充分感受到了"安静"的魅力。于是，大家一致决定开展"静能量"争章活动，让班级安静下来、文明起来。

（二）争章行动齐出力

1. 设计标识

班级学生自主设计“静能量”章的标识，通过投票方式推选。最终学生设计的“双鱼争静”图案的标识成了班级“静能量”章的最终定稿。在此过程中，同学们充分发挥了想象力和创造力，也在设计过程中真切体会到了“安静”的真正含义。

2. 制定规则

“静能量”章标志的诞生，随之的规则也在同学们的讨论中形成。

“静能量”章的争章要求		
校内	课堂	专心听讲，安静聆听教师的讲课和同学的发言
	课间	文明休息，不大声喧哗，轻声细语交谈
	排队	安静有序排队，不讲话，用手势提醒同伴
	午餐	安静文明用餐，咀嚼食物时要专心，不说话、不交谈
校外	公共场所	在地铁站、博物馆、图书馆等公共场所不喧哗、轻声交谈
	在家	做作业时安静专注；与长辈或家人沟通时，心态平和有礼貌

3. 家校合力

以《告家长书》的形式，教师与家长分享了“静能量”章的争章目的和细则，家校共育督促孩子养成安静做事、安静学习的好习惯。

（三）多元评价树楷模

为了使“静能量”章的评比更加有效，采取多元评价的方式。

1. 教师评价

任课老师和班主任均有发放“静能量”章的权利，根据学生的“安静”表现进行“点对点”表扬。

2. 同伴评价

值日班长、小组组长、同桌也都拥有评价和发放“静能量”章的权利，每一次的发放都需要记录名单，并定期在班级群中表扬。

3. 自我评价

每个同学都有一张“静能量”积点卡，每月清点“静能量”积点数，并进行及时反思和总结，书写下一阶段的努力目标。

通过师评、互评、自评等方式，使得“静能量”章的争章更全面、更规范、也更有实效。每月积点最高的三名同学，成为班级“静能量”楷模，学期结束获得“静能量”积点最高的前十位同学就是班级的“静能量勇士”，他们的照片和“秘诀”也将登上班级网站进行宣传。

三、活动成效

“静能量”章的争章活动是孩子共同策划、共同设计、共同完成的一项活动，参与度几乎是100%。一个学期实施下来，有自控力的学生增加了，大多数同学都养成了文明休息的好习惯；任课老师反映课堂上学生更专注了，课堂纪律有了很大的改善；家长也反馈孩子做作业的心“静”了很多，速度也加快了。这些肯定和鼓励激励着孩子们自律，安静学习、安静做事的好习惯也就渐渐养成了。

练兵站

“上课时总是有人插嘴，怎么办？”请根据学生的学段特点，分析班级学生的实际情况，旨在培养学生良好的听课习惯，设计一份科学有效的行规教育方案。

作者简介

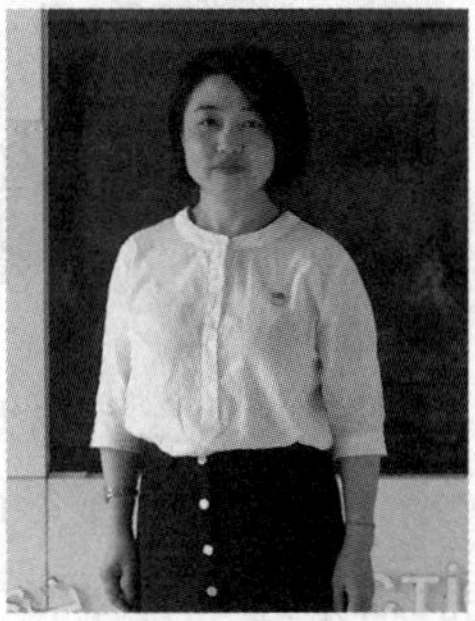

王莹玉，上海市静安区闸北实验小学，曾荣获上海市园丁奖，上海市优秀班主任，第五届长三角班主任基本功大赛一等奖。撰写的论文获得全国优秀成果展评活动二等奖，第五届长三角地区中小学班主任基本功论文二等奖等。

班级活动“初尝试”：无法有效开展班级活动，怎么办？

——聚焦实际，凸显特点，系列设计

唐　红

班级活动是学校教育的基础性工作，开展丰富多彩的班级活动对学生的成长大有益处。初职班主任该怎样组织各项班级活动，把班级活动开展得富有成效呢？本文以开展“学雷锋纪念日”活动为例，聚焦班级实际、学生需求，明确活动目标，设计系列活动，呈现如何把班级活动开展得有声有色，富有成效。

“学雷锋纪念日”快要到了，学校要求各班开展形式多样的学雷锋活动。刚入职的班主任张老师接到任务后，直接把要求发布在班级群，然后给全班同学布置了一项作业——利用双休日做一件“学习雷锋好榜样”的好人好事，并上传照片分享到打卡群里。她希望通过本次活动让学生发扬雷锋精神，做新时代的小雷锋。

到了双休日，同学们纷纷上传了“学雷锋”的照片，张老师点开一看，同学们不是在小区里捡垃圾，就是到敬老院看望老人，与她期望看到的场景相去甚远。张老师不明白，做一件好事有这么难吗？为什么学生除了捡垃圾、看望老人，就没有其他有新意的好人好事了呢？

探照灯

相信不少新班主任也会遇到同样的问题或困惑，为什么无法有效开展班级活动呢?

一、活动目标没有针对性

有一些班主任在开展班级活动时，存在着无计划、无目的或计划不强、目标不明的现象，没有结合本班的实际情况、学生年段特点以及班级建班育人的目标去设计、落实。在活动前，班主任没有想清楚为什么要开展活动、怎样开展活动、活动的意义是什么等问题，活动的效果就可想而知。

二、活动内容缺乏时代性

班级活动如果内容缺乏时代性，就无法受到学生的欢迎。比如，学校每年都会组织开展"学雷锋活动"，如果班级活动每年都是在讲"雷锋的故事"，然后让学生刻意去做一件好事，这样的学雷锋活动怎能引起学生的兴趣，怎能让学生感同身受雷锋的奉献精神呢?

三、学生主体处于被动性

学生是班级活动的主体，但是往往有些班主任没有充分认识到这一点。案例中的张老师接到学校要开展学雷锋活动的要求后，以下达任务、完成作业的方式开展班级活动，学生处于被动接受地位，缺乏主动参与的热情，更不要说调动学生的积极性与创造性了，活动成效就可想而知了。

知识库

一、班级活动应聚焦班级实际

班级活动是培养人的活动，是有计划、有目的地促进学生全面发展的教育活动。班级活动应从解决班级当前实际问题的角度出发，根据班级的实际情况开展，才能最大化体现班级活动的育人价值。这就需要班主任对班级状态进行分析，梳理学生在成长中出现的共性问题或该阶段学生成长的共性需求，确定班级活动的主题。对于学校统一安排的活动，班主任也应该整合班级的实际需求来开展，而不能采取上传下达，简单应付的方式。

二、班级活动应聚焦学生需求

班级活动要求了解学生在成长过程中的需求，既要了解全班学生整体状态，也要关注个别的学生，在确立学生需求后，形成聚焦学生成长的班级活动。在具体活动的开展中，从活动策划、活动准备、活动实施到活动反馈，班主任都要站在学生立场，充分和学生沟通，力求活动内容要贴近本班学生的兴趣和需求，体现班级的独特性和学生的创造力，让学生在班级活动中快乐成长。

百宝箱

一、育人目标要明确

班主任要充分了解现阶段的育人目标和德育工作的具体要求。如《中小学德育工作指南》中要求，要利用学雷锋纪念日、中国共产党纪念日等重要纪念日开展主题明确、内容丰富的教育活动，习近平总书记也多次生动讲述雷锋故事，号召把雷锋精神代代传承下去。持续弘扬雷锋精神，是建设社会主义现代化强国、实现中华民族伟大复兴中国梦的精神力量。因此，班主任要高度重视通过活动育人来满足学生的成长需求，落实立德树人的根本任务。

二、时代特点要凸显

班级活动要紧跟时代步伐，体现时代特点，就必须从未来对人才的需求出发，从新的角度赋予传统活动以新的内容。如学雷锋活动，半个多世纪以来，雷锋精神已经内化为每个中国人心中向上向善的力量，彰显着中国特色社会主义的价值底色。通过班级活动，班主任要引导学生学习雷锋精神，更要在形式多样、吸引力强的教育活动中学习雷锋做法，把雷锋精神转化为具体行动，体现在学生平时的生活和学习中，这样才能把雷锋品格、雷锋精神得到更好地传承和发扬。

三、系列活动要设计

在设计班级活动时，要进行"序列化"建构，体现学生在认识和能力上的逐步提高，提升活动的有效性。以开展"学习雷锋好榜样"为例，班主任要组织学生充分讨论，围绕主题设计系列活动来达成活动目标，可以"小小少年暖心行动，传承新时代雷锋精神"为主题，设计"看一看雷锋电影""唱一唱雷锋歌曲""找一找雷锋人物""做一做小小雷锋"等系列活动。这样的班级活动符合学生的认知发展水平和道德发展需求，通过循序渐进、层层递进将活动的要求落细落小落实。

四、活动形式要丰富

班主任在设计活动时要充分考虑到学生的年段特点和心理特点，通过对活动形式的不断推陈出新，将传统的活动模式转化为真实性、互动性、生动性、创造性的新形式，以增强活动的吸引力。如"学习雷锋好榜样"的系列活动二——"唱一唱雷锋歌曲"，可以由原来的单一模式向多元模式转变，学生除了自己学唱，还可以邀请小伙伴、爸爸妈妈、爷爷奶奶、老师长辈等一起来唱，演唱的形式可以是独唱、小组唱、男女生唱、家庭合唱等，通过扩展参与人员，改变演唱方式，激发学生的活动兴趣、参与意识，营造浓浓的学雷锋氛围。

智慧树

小小少年暖心行动　传承新时代雷锋精神

——"学习雷锋好榜样"系列活动

一、活动目标

1. 在"学习雷锋好榜样"系列活动中，向身边平凡岗位中的"雷锋人物"学习，弘扬雷锋志愿服务精神。

2. 在实践活动中，尽自己所能服务他人，用实际行动争得"志愿服务章"。

二、活动对象

五年级学生。

三、活动过程

第一阶段：整体策划

班主任带领学生整体策划，形成班级活动方案，做好学生组队、志愿者带队、信息发布、活动宣传等相关工作安排。

第二阶段：实践体验

系列活动一　看一看雷锋电影

1. 活动形式：班主任挑选和剪辑雷锋的相关影片或纪录片，利用午会、班会等时间和学生一起观看，视频资料可以最大限度地让学生对雷锋形象、雷锋事迹、雷锋精神有更深入的了解和认识，让学生从思想层面重视本次开展的“学习雷锋好榜样”活动。

2. 活动反馈：学生合作完成一期“我眼中的雷锋”小报，布置在教室宣传版面上，营造“学习雷锋好榜样”的班级氛围。

系列活动二　学一学雷锋歌曲

1. 活动形式：本次活动希望学生在家长、老师的帮助下，找更多有关学雷锋的歌曲，再邀请自己的亲朋好友或者良师益友共学共唱。通过音乐的渲染和对歌词的理解，来进一步内化和领悟雷锋无私奉献的精神，同时邀请他人参与演唱的方式，打破了单一模式，让学生体验到参与感，成就感。

2. 活动反馈：拍摄相关视频或照片发布到班级群里分享和交流。

系列活动三　找一找雷锋人物

1. 活动形式：以小队形式积极寻访身边的“雷锋人物”，进行线上或者线下采访，记录能体现榜样人物无私奉献的事迹和品质。重在引导学生寻找在抗疫工作中涌现出的“雷锋人物”，可以是冲在第一线的医护人员，小区的志愿服务者，甚至是外卖小哥等，通过采访真实地感受身边的“活雷锋”。

2. 活动反馈：以小队为单位制作一份寻访记录单或制作一期微视频，采用图文并茂的形式记录寻访的经过和收获。

系列活动四　做一做小小雷锋

1. 活动形式：以亲子、小队等形式开展志愿服务活动，先从服务自己的小区、社区开始，再到文博场馆、地铁车站等开展力所能及的服务劳动；也可以与学校、班级的特色活动相结合，开展个性化的创造性劳动。

2. 活动呈现：班会课中进行志愿服务汇报，并颁发“志愿服务章”。

“小小少年暖心行动　传承新时代雷锋精神”志愿服务章			
系列活动	争章要求	自评	互评
看一看雷锋电影	认真观看雷锋的相关影片或纪录片，写一写自己的观后感		
学一学雷锋歌曲	邀请自己的亲朋好友或者良师益友共学共唱学雷锋的歌曲，拍摄相关视频或照片发布到班级群里		
找一找雷锋人物	积极寻访身边的“雷锋人物”，进行线上或者线下采访，以小队为单位制作寻访小报		
做一做小小雷锋	以亲子、小队等形式开展志愿服务活动，班会课中进行汇报，颁发“志愿服务章”		

第三阶段：总结评价

班级层面评选“优秀学雷锋志愿服务团队”和“优秀学雷锋个人”，通过布置宣传展板、推送班级微信公众号等，在班级层面进行表彰和宣传。同时，把班级优秀团队和个人推送到学校层面参加相关评选，学校通过官微等途径开展宣传和教育，大力弘扬雷锋精神和志愿服务精神，帮助学生扣好人生第一粒扣子。

第四阶段：常态开展

班级常态化开展“学习雷锋好榜样”活动，与班级开展的“假日小队”“社区志愿者”、打造“十五分钟幸福圈”等活动整合起来，及时梳理“好做法”，树立“好榜样”，颁发“服务章”，将学雷锋活动和学生生活、班级活动有机衔接，提高学生的社会责任感、服务意识和实践能力，营造良好的育人氛围。

练兵站

请根据班级实际情况，结合学生的年段特点，策划和组织一项主题教育活动，并在实录的基础上进行反思性评析。

作者简介

唐红，上海市闵行区七宝镇明强小学，闵行区家庭教育实践研究基地主持人，曾获上海市“普陀杯”班主任基本功大赛一等奖，上海市家庭教育优秀指导者、闵行区园丁奖，主持过多项市、区级课题。

师生互动“初尝试”：学生不理解老师，怎么办？

——巧沟通，善倾听，勤换位，显关怀

陈洪云

良好的师生关系是班集体建设的基础，对于一名新班主任来说，建立融洽的师生关系，显得尤为重要。因为它是增强班级管理实效的润滑剂，是建班育人品质得到有效提升的助推器。那么新手班主任如何做，才能与学生建立和谐的师生关系呢？

小剧场

“你就是看我不顺眼，你为什么老是针对我？”小 G 同学用力拍着桌子，咆哮着，满脸的泪水让她的面部变得扭曲了。

一旁的小 C 老师愣在那，一脸茫然，说不出话来。

这是发生在四（1）教室课间的一幕。

小 G 是个比较内敛的女孩，进入三年级后成绩有些下滑，小 C 老师看在眼里，急在心里。和家长也沟通过，特别是最近的学习态度明显退步，家庭作业字迹潦草，错误百出。这几天，小 C 老师就经常利用课间让她把家庭作业擦了重写，直到把字写工整为止。前两天小 G 还勉强自己一遍遍重写，第三天就出现了这样的画面。

小 C 老师也很委屈，明明是为了她好，她怎么不理解呢？相信身为班主任

的你，是否也时常会有这样的委屈——学生不理解老师的良苦用心，怎么办？如何与学生建立真诚、平等、和谐的师生关系，让学生“亲其师”呢？

小 C 老师陷入深深的沉思中……

探照灯

究竟是什么造成小 C 老师和小 G 同学师生关系紧张的呢？

一、沟通缺乏“技巧性”

有效的沟通能让师生关系更加融洽。许多新教师由于资历较浅，班主任工作经验不足，在与学生沟通上，缺少一些有效沟通的技巧，常用“训话式”“指责式”“命令式”的语言去沟通，不注意方式方法，常常是无效沟通。尽管出发点是好的，却得不到学生的理解，对学生并没有起到教育的作用，反而可能会让学生对老师产生误解，造成师生关系紧张。

二、关怀缺乏“人文性”

“人文关怀”的核心思想，一是关心人，以人为本，重视人的价值；二是弘扬人的理性。“新手上路”的班主任教育学生常常含有功利心，在遇到学生问题时，以解决麻烦为目的，缺少了对“人”的教育。

这种带有功利色彩、缺少人文关怀的教育，学生会感受得到。如案例中的小 C 老师对 G 同学作业潦草的处理上，只关注了结果，时间久了，小 C 同学就产生了逆反情绪。

三、处理缺乏“同理心”

“同理心”是指心理换位，将心比心，也称之为“共情”，能理解和感受他人的感受和想法的一种能力。年轻班主任对学生发展特征和成长需求了解不够，处理起问题来缺乏同理心，没有站在学生的角度思考问题。常常以成人的认知和思维面对和解决学生成长中的问题，因此，学生也感受不到教师的良苦用心，所以才会事倍功半。

知识库

一、一个“弘扬”

班主任在和学生交往时，要遵循弘扬人文关怀精神的原则，从过度依靠外压化管理转向到以人为本，充满人文情怀的人性化教育。

二、两个“转变”

构建和谐的师生关系，教师要做到两个转变。

第一，教师要转变教育行为。由居高临下的权威型转变为师生平等的民主型；由简单粗暴的惩罚型转变为重关注需求的呵护型；由随心所欲的主观型教育转变为重依据的规则教育；由千篇一律的“一刀切”教育转变为尊重学生的个性化教育。只有教师转变自身的教育行为，学生才能理解教师，亲近教师。

第二，教师要转变话语倾向。切忌一些讽刺挖苦性话语，语势不要太强，语调不要太硬，语气不能太冷，尽量用平缓、亲和的语音语调和学生沟通。总之，提高师生话语体系之间的适切度和投缘度，让我们的话语带给学生充分的温暖感，这是不可或缺的重要方面。

三、五个“学会”

“学会微笑”——发自内心真诚地对学生微笑。
“学会表达”——善于发现学生的闪光点，并及时给予肯定和鼓励。
“学会倾听”——低下头，俯下身，听语音，听心声。
“学会沟通”——从学生的认知、思维的角度出发，用心沟通。
“学会亲近”——走近、接近、靠近学生。

百宝箱

一、“了解特点”巧沟通

现在的小学生多数是独生子女，自我意识比较强烈，个性明显，现在又是网络时代，他们善于接受新鲜事物，可以说是网络的“常客”，网络热词常挂嘴边，面对这样的学生，我们要对接他们的话语系统，做到无障碍沟通。

二、“亲近学生”善倾听

有一种距离，我们渴望被缩短，那是心与心的距离。亲近学生，要不断缩短与学生心的距离，不仅要走近学生的生活，还要真正走进学生的心灵，善于倾听学生的内心声音。可以在课间，放下手头的工作，来到学生中间，和他们聊聊家常，也可以聊聊学生对其他任课老师的态度，此时，我们只需要做个倾听者，面带微笑耐心地听学生各种“吐槽”，必要时可以做出一些积极回应。此时的班主任，在学生看来，不再是高高在上的教师，而是他们的朋友。还可以采用书写的形式，鼓励学生把心里话写下来，教师做到“来者必回”，久而久之，学生自然“亲其师”，进而“信其道”。

另外，班主任一定学会让学生“把话说完”。思维定式不可要，有些性格比较急躁的教师，常常不等学生把话说完，就主观臆断，对学生加以批评教育，让学生心生怨恨。长此以往，师生关系的“小船”说翻就翻。

三、“掌握技巧”勤换位

班主任在处理学生问题时，要常常扪心自问“如果是我的孩子”“如果我是孩子”。做了班主任，每天处理各种繁杂的工作，难免会有情绪化的时候。此时，就会习惯性地用成人的思维去思考解决问题，一味地批评指责学生，只为发泄自己的怒气，就忘了“是孩子都会犯错”，曾经自己也许也犯过同样的错误。

常常换位思考，对学生多一分宽容，少一分斥责；多一分引导，少一分惩罚；多一分理解，少一分抱怨。用和风细雨式的交流，浸润学生的内心，让师生关系的“小船”更稳固。

四、“集体生日”显关怀

班级活动是班集体建设不可或缺的一个部分，教师精心准备的活动，能拉近师生心与心的距离。

“生日”也许是每个学生一年当中最期待的日子了，工作中，也常常会有学生跑来高兴地说：“老师，明天就是我的生日了。”因此了解每个学生的生日，制作成海报，张贴上墙，每2~3个月开展一次集体生日会，教师送上祝福和礼物。

在这样的活动中，学生不仅集体归属感增强，同时也能真切地感受到教师对自己的关爱，有了这份满怀爱意的教师专属生日关怀，即使面对再大的风浪，师生关系的"小船"也会稳步前行。

智慧树

她"发脾气"之后

面对这突然的爆发，小C老师选择了冷处理的方法，给自己一点时间，也给学生一点时间。

下午的阳光体育时间，小C老师走到小G身边，搂着她的肩膀，温柔地说："现在能和老师说说，这几天的作业为什么写的这么潦草吗？"反思后的小C老师觉得自己在教育过程中，确实忽略了学生的感受，于是采取了迂回策略。

自己对老师发脾气，老师不但没有责怪，还如此关心，让小G觉得有些难为情，低下头，手不停地搓着衣角，一声不吭。

小C老师示意她走出人群："没关系的，老师也有不对的地方，没有问过你原因，就让你重写，如果是我，我也会觉得很委屈。"小C老师希望能让学生敞开心扉。

她点点头，抬头看了看老师，轻声说："最近妈妈工作忙，经常很晚回来，小弟弟总来找我和他玩，每天作业都做到很晚。"

"哦，原来是这样！"小C老师点点头，恍然大悟，突然理解了小G爆发的行为。在家里，自己原本就很委屈，到学校，面对老师的不理解，开始还能忍受，但是积怨已深，最终才有了开始的这一幕。

"老师理解你的处境，在这样的条件下，能完成作业就挺不容易了，不过，要记得，下次再有这样的委屈，你一定和老师说的，老师和你一起想办法解决。"小C老师用坚定的眼神看着她，"在老师心中，你一直是一个听话、认真的学生，看见你最近的作业，老师替你担心啊，怕你养成坏习惯！"

小G点点头，神情放松了不少，"对不起，老师，我今天不应该和你发脾气的……"

“没关系的，你知道错了就好，老师也有不对的地方，那我们约定在明天的班会课上解决这个问题，怎么样？”小C老师征求道。

她用力地点点头。

随即，小C老师就和G同学的家长取得了联系，希望家长能给孩子一个安静的学习空间，家长也表示最近确实忽略了小G，后续会协调好工作以及家庭，给孩子创造一个良好的学习环境。

第二天的班会课，小C老师和G同学的真诚道歉，引得同学阵阵掌声。

后来的日子，小C老师发现，虽然每次G同学见到她，都会打招呼，但是总是小心翼翼，不敢靠近的那种。也许，在她内心里，还是觉得顶撞了老师，和老师之间还是有嫌隙的！

要改变学生心中的想法，可能也不是一两次的谈心就能解决的。正在小C老师为此事困惑之际，机会来了，学校艺术节要各个班级围绕“中华传统文化”布置文化墙，小C老师马上想到了G同学，她出生戏曲世家，母亲也是戏曲工作者，小G写的一篇关于戏曲征文还曾经获得了市级一等奖。

交给她做，这真是一件一举两得的事。

“老师，我想这样设计……您看可以吗？”

“老师，还需要每个同学画个脸谱，要不您和美术老师说一下？”她主动来找小C老师的次数多了，小C老师也会把她的想法和小G沟通。明显感觉，小G每次都能自然地表达她的想法了，拘谨少了，大方多了，小C老师心中暗喜。

最终，小G同学设计的“走进戏曲，传承文化”为主题的班级文化墙在学校评比中得了一等奖，她作为班级代表上台领奖，那一刻，她灿烂的笑容让人沉醉。

后来的某一天，小C老师发现办公桌上多了一条巧克力和一张卡片，上面写着：听说吃巧克力会让人开心，C老师要开心哦！C老师认出了那是她的字，走进教室，四目相对，会心一笑，那一刻，C老师的心里比吃了巧克力还甜。

练兵站

选择一个主题，和学生做一次（个别或集体）谈话，并把谈话的内容记录下来，与同伴共同评析。

作者简介

陈洪云，上海市实验学校附属东滩学校，上海市崇明区德育教学能手，崇明区德育兼职教研员。曾荣获上海市崇明区十佳班主任、优秀班主任。所带的中队被评为全国动感中队，崇明区五星级班级，独立承担市级课题。

家校沟通“初尝试”：第一次去家访，怎么办？

——激发教育自信，重视家访初见，展现积极态度

姜丽霞

家校共育是教育教学的助力器，其中家校沟通是连接学校教育与家庭教育的情感桥梁。家校沟通是新手班主任亟需修炼的一大基本功，也是一大挑战。初为人师，如何做好有效的家校沟通呢？本文提出要从学生成长需求出发，充分认识家校共育的意义及价值，掌握并运用家校沟通的基本策略，助力孩子的健康成长。

小剧场

暑假里，校园里又迎来一批新手班主任，小张老师就是其中一个。临近开学，她开启了班主任暑期家访工作。稍显稚嫩的她第一次走进学生家里，面对年龄比她还要大的家长，她更多的是紧张不安。家访中，老师不知道该说什么？做什么？简单自我介绍和填写家访表格后，这场“初遇”就在“沉默”中匆匆结束了，无处可寻家校沟通的味道，家校共育的开场工作也没做到位。

相信有不少“新手”在第一次家访时，会出现不同程度的“忐忑不安”与“缺乏信心”。那么，如何让新手的“家访”自然转换成“佳访”，助力家校沟通更有

效、更智慧呢？这是一个值得研究与思考的问题。

探照灯

究竟是什么原因造成小张老师的第一次家访如此匆匆收场呢？追溯本源，主要是有以下几方面。

一、心理层面：自信心不足，缺乏沟通经验

作为刚入职的新手班主任，教学实践经验尚浅，与家长沟通的经验更是少之甚少。在社会大环境的影响下，心理方面就是自我认知为"新手小白"，做事容易出现畏手畏脚的现象，内心会有担忧：家长是否会认可自己？因为本身就缺乏自信心，与家长沟通交流时，尤其面对比自己年龄大、学历高的家长，就会表现出"怯场"现象，这样无论怎样的沟通都不会顺畅的。

二、认知层面：知识面不全，缺乏沟通意识

家访也是一门学问。初为人师的年轻班主任，因为知识面不够全，沟通意识不强，容易把家访定位成老师和学生、家长的简单会面，或者认为家访就是老师介绍自己、讲述教学理念的过程，或者把家访看成只是传达学校通知、填写表格的一个简单任务而已，而缺乏人与人的沟通与交流，更谈不上倾听对方心声。但是对于家校沟通来说，家访有着无法替代的作用，它是架构起学校教育和家庭教育桥梁的关键举措。

三、行动层面：主动性不够，缺乏沟通艺术

在家访中，新手会容易出现态度与行动上不够积极主动的现象。在家访前，缺乏做好准备工作的意识和经验，从而造成沟通出现随机性与片面性等问题；家访中，教师也不会主动交流一些自己的教育理念等，或者也不会主动与家长、孩子敞开心扉互动，实现双向沟通，这样就会造成沟通过程的单向性与无效性等问题；家访后，教师也不会主动及时做好反思与跟进工作，这样也无法有效实现教育的长程性和延续性。

知识库

家访能有效缩短学校与家庭的教育“距离”，让家校教育能更自然地融合在一起形成强有力的力量。但是家访也不是一件简单的事，不单单是老师和家长的聊天。过程中，从学生成长需求出发，抓牢抓实每个阶段细节，提高沟通的科学性与实效性。

一、从“共情原理”出发，心理上激发教育自信

家校沟通，是为了实现共同教育目标、助力孩子的成长而促进家校之间增进彼此了解与合作。第一次家访，走进学生的家庭，通过语言、行为、神态等多种媒介进行信息传递与思想交流。新手班主任要站在家长角度上去看待家访，运用“共情原理”来感知家长的教育需求，体悟教育合力的重要性，在心理上肯定自我的教育价值，激发最本真的教育自信，让家校沟通更具有实效性。

二、从“首因效应”出发，认知上重视家访初见

根据“首因效应”，人与人第一次交往中接收到的信息会给人留下深刻的印象，会在对方头脑中固化并占据着主导位置，对以后的行为活动以及评价具有重要影响。所以家校第一次沟通就显得尤其重要，这与后期交流的质量相关性很高。新手班主任应该重视第一次家访，要提前做好一切的周全准备，要争取“第一次”就给家长们留下比较好的印象，为以后的教育活动奠定良好的基础。

三、从“教育成效”出发，行动上展现积极主动

家访，是为了更好地促进家校沟通，从而实现更好的教育成效。作为新手班主任，第一次家访要有明确的教育目的，要有适切计划、详细方案、沟通重点，要把家访纳入班级整体规划中思考与落实。新手班主任要学会带着问题，以促进学生发展为导向，精心设计家访中每个流程，比如家访的目的是什么、采用了哪些策略等。

百宝箱

家访是家校沟通的一个“经典片段”。在“协同育人”理念下，学校教育与家庭教育之间的交流有许多“法宝”。

一、知己知彼、百战不殆

家校沟通的基础是信息的了解。家访前，作为新手班主任，需要全方位了解学生及家庭基本情况信息。这样，老师一进入家访模式，就能让家长感受到老师的用心准备，显得家访不是那么随意与无计划，它传递给家长的就是家访具有仪式感，从而家长也会重视这第一次家访。新手班主任因为有了前期准备，才能真正做到“知己知彼”，在和家长沟通的过程当中才不会出现无话可说的尴尬局面，也从根本上避免了家访在“沉默”中匆匆结束的状态。

二、通情达理、用心交流

同理心，也称为“共情，通情达理”，最早是由人本主义心理学家卡尔·罗杰斯提出来的。同理心是指个体要具备感知、体验他人内心世界能力，在人与人交往中要能够真切体会他人的情绪与想法，要能站在他人角度来思考、处理问题，能自然地把自己的共情传达给对方，这样让对方感到被接纳与理解。

对于家长来说，内心期望孩子健康平安、学业进步。作为班主任，要学会“同理”与“共情”，用心体悟家长的教育期望。换位思考，以良好态度与家长沟通，家长也会认同老师，这样沟通也会事半功倍。

三、全面关注、达成实效

家校沟通要关注孩子成长的综合表现以及不同类型学生的沟通。作为班主任，既要沟通学业成绩，又要沟通品行表现，更要关注学生心理状态，这样就具有“全人教育”观。同时，家校沟通时要多通过鼓励的方式，要让每一个家长都能感受到老师的用心，从而坦诚地交流，取得家校共育的最大效果。

另外，还要关注沟通的后续跟进。家校沟通后，教师要及时总结经验、反思不足，不断调整优化沟通策略与方式，以期达成更好的教育成效。

智慧树

我们，让“初见”更美好

——小学班主任“第一次家访”活动方案

一、指导思想

苏霍姆林斯基曾说：“教育的效果取决于学校和家庭教育影响的一致性。”在家校共育理念下，依托暑期家访活动，“我们”一群人让“初见”更美好，以“爱”为基础，以“严”为标准，以“智”为工具，探寻一条智慧交流、真情守望的家校共育之路，提升家校沟通效能，共同营造助力学生健康成长的教育新格局。

二、活动目标

1. 加强家校合作，畅通家校沟通的渠道，促进学校教育、家庭教育的有机融合，更好地为学生健康成长保驾护航。

2. 全方位了解学生的家庭成长环境，清晰学生的家庭亲子关系，为后续教育工作提供方向。

3. 通过与家长深入交流，更真实地了解学生家庭成长背景、父母教育理念及方式，更好地助力家庭教育。

三、家访过程及内容

1. 心访篇：家访是心的呼唤

在正式上门家访前，教师在合适时间里通过电话、微信等联系方式，在互相尊重理解前提下，与家长沟通具体的家访时间、地点以及相关事项。在前期的沟通过程中，通过点点细节，就自然地拉进教师与家长、学生“心的距离”，让家访初现“心的呼唤”，好的开始是成功的一半。

2. 爱访篇：家访是爱的传递

家访开始，首先作为新手班主任，要向家长与学生真诚地介绍自己的基本情况，表达自己对教育的理解与热爱，同时细致入微地介绍交流新学期的学习生活的相关要求及内容，还可以送上一些"爱的小贴士"等。真诚细致的交流，会让家长更信任老师，让爱在家访初见中传递开来，使整个家访氛围呈现最好的状态，从而让教师、家长、学生在交流中更好地走近彼此。

3. 情访篇：家访是情的交流

家访中期，教师通过与家长的交流、观看学生作品，以及学生的状态，大致判断学生的表现以及成长环境。家长与学生真实的情感表现，能助力班主任后续工作开展的深度与广度，让工作有的放矢，从而班主任能更好地细致、灵活、深入而有针对性开展管理工作，助力每一个学生健康快乐成长。

4. 景访篇：家访是景的体验

家访后期，在得到家长允许的情况下，教师可以在学生"小向导"带领下，参观学生学习、做作业的环境，深入了解学生的学习、行规等情况，有针对性地提出建议，让家访更加具有实效性。

最后，大家可以选择拍照留影，为教师、家长、学生留下这特别的瞬间，让它成为最美的记忆。同时照片也可以作为班级文化建设以及教室环境布置的"素材"所用，实现教育资源效用的最大化。

四、家访要求

家访中，新手班主任要遵守以下关键原则。落实具体要求：

1. 平等：用心对待每一名家长和学生，于细节中尊重每个人。
2. 全面：面向全体学生，实现 100% 全覆盖，认真对待每一次家访。
3. 协调一致：做到同探讨、共协商，促进家校教育目标一致。
4. 针对性：从学生成长需求出发，家访内容及方式具有针对性与个性化。
5. 保密：家访信息若涉及学生和家长隐私，注重做好保密工作。
6. 规范：言谈文明、仪表端庄、穿着得体，杜绝家访中的不正之风。

练兵站

请在第一次家访、第一次召开家长会、第一次组建班级家长委员会、第一次举行家长讲座、第一次开展家校合作项目等"第一次"中选择一个，设计一份方案进行实践，并对此进行反思。

作者简介

姜丽霞，上海市闵行区七宝镇明强小学，曾荣获上海市园丁奖、上海市优秀班主任、闵行区学科带头人、闵行区三八红旗手等，主持完成8项市、区级课题研究，其中“基于‘彩虹爸爸课堂’促进亲子关系的实践研究”获上海市德尚课题评选一等奖。

处理安全事故“初尝试”：有小朋友受伤了，怎么办？

——及时处理，关心关怀，公平公正

封 芬

小学生因年龄小，缺乏安全意识，常常面临安全挑战。新手班主任应如何保障学生在校安全，避免发生安全事故，以及在学生受伤时如何妥善地处理呢？本文提倡采取加强安全教育、制定规则、巧设岗位、善用评价、树立榜样等方式预防安全事故。一旦发生安全事故，及时处理是关键，关心关怀是前提，公平公正是原则。

刘老师刚担任班主任一个月，这一个月里她所带班级的学生就接连发生了好几起安全事故：有因为跑太快摔出血的，有因为追闹磕破下巴的，有因为矛盾动手推搡而受伤的。每次学生发生安全事故，刘老师都特别害怕，既害怕自己处理不好，又害怕家长难沟通、不配合。为此，刘老师每天都担惊受怕，甚至开始怀疑自己是否适合做班主任。

相信不少新手班主任都碰到过类似的情况。那么，应该如何预防学生发生安全事故，安全事故一旦发生，又该如何妥善处理呢？

探照灯

刘老师的班级安全事故频发，背后的原因是什么？为什么刘老师处理安全事故存在畏难心理？

一、安全教育不够到位

小学生因为年龄小，活泼好动，对身边事物感到新鲜好奇。同时，他们生活经验不足，安全意识薄弱，自我保护意识不强，容易发生安全事故。班主任要把安全教育作为工作的重点之一，做到常提醒，常教育。安全教育做到位，安全事故少一半。

二、遇到安全事故不够冷静

虽然学校的安全措施不断完善，安全教育不断加强，但毕竟我们教育的对象是活泼好动的儿童，安全事故难免会发生。所以，在心理上，班主任要把处理安全事故当做一项常规工作。遇到学生发生安全事故时自己不要慌张，积极应对，冷静处理。

三、处理程序不够熟悉

安全事故的发生在所难免，通常学校都会根据《中华人民共和国教育法》《中华人民共和国未成年人保护法》及《学生伤害事故处理办法》，并结合实际情况制定学校安全事故处理预案或者程序。新班主任在任职之前应该认真学习相关的预案和案例，明确自己的职责和任务，务必做到熟悉和熟练。当安全事故真的发生时，一方面能让班主任处理事故时有据可依，另一方面也能够避免新手班主任面对安全事故时手忙脚乱。

四、善后工作不够到位

事故发生后，后续的善后工作才最考验班主任的工作能力。安全事故的善后工作包括调查事故的前因后果、划分责任、协调经济赔偿、安抚学生情绪等。能妥善处理事故的班主任不仅能让家长心服口服，还能在家长心中增加班主任的威信。反之，处理不当，则不仅会让家长心生怨气，还有可能给之后的带班工作增加阻碍。

知识库

一、一个"关键点"

发生安全事故，及时处理是关键。及时处理意味着班主任应第一时间出现在受伤学生身边，安抚情绪，查看伤势，并第一时间送医救治、联系家长。学生受伤时，任何一点耽误都有可能给学生造成不可逆的伤害，让班主任陷入被动。及时处理还体现在及时向学校领导汇报情况，必要时，请领导协助处理。

二、两个"基本原则"

在调查和处理安全事故时，班主任要掌握两个"基本原则"，即关怀原则和公开公平原则。

处理安全事故，本质上就是与学生和家长沟通，对他们表示关怀是友好沟通和顺利处理事故的前提条件。班主任对学生的关怀体现在看到学生受伤时，第一时间不是责怪学生，而是安抚好他们的情绪；学生在康复阶段时，班主任要积极与学生沟通，关心其康复情况和情绪状态，积极疏导。班主任对家长的关怀体现在理解家长可能因孩子受伤而出现的消极情绪，注意语调和方式，理性沟通。

安全事故发生后，班主任在后续事宜的处理上要基于公开公平的原则。一方面，调查事故经过时，班主任要公开公平地询问当事人，寻找目击者，调查监控等，力求清楚、准确。另一方面，责任划分、经济赔偿也要基于公开公平的原则，以事实为依据，要求事故相关人员都在场，有疑问当场讨论解决，力求每一次安全事故都得到妥善解决，不留尾巴。

百宝箱

如何才能避免安全事故的发生呢？预防事故比处理事故更有效，在此提供几种预防安全事故发生的有效措施。

一、“安全教育”不松懈

种种安全事故都表明小学生的安全意识十分薄弱，班主任要坚持安全教育不松懈。班主任可以借助学校的广播站、班级的宣传栏宣传安全知识，利用安全月、升旗仪式和班团课开展安全知识竞答、安全教室体验、安全案例分析等活动落实安全教育，让安全知识入脑入心。安全教育是班主任的常规工作之一，班主任平常要眼观六路，看到学生的危险行为时，一定要及时提醒和制止，平时工作细一点，学生安全多一点；安全教育多一点，安全事故少一点。

二、“制定规则”人人守

制定规则能有效地让学生明确安全行为的边界，在引导安全行为的同时约束不安全行为。首先，安全行为规则的制定应基于“我们的规则我们定”的原则，让学生参与其中。其次，安全行为规则要结合班级学生的特点，筛选、整合本班学生最容易发生安全事故的行为，根据不同的场景来制定，如：课间休息、上下楼梯、体育运动及做实验时等。最后，安全规则要做到语言简洁，要求明确，方便记忆。制定好的规则要张贴在教室内，提醒学生时时遵守。

三、“小小岗位”来监督

在保障学生安全方面，班主任一个人的力量是有限的。班主任可以充分发挥学生的力量，通过设置一些小岗位，如：文明休息管理员，矛盾调解员，安全提醒小卫士，楼道护导志愿者等，让学生参与安全维护。安全事故的发生通常就在一刹那，通过这些小岗位，早一分钟发现安全隐患，早一分钟提醒，早一分钟制止，可能就能避免一起安全事故的发生。

四、“班级积分”来评价

积分制是老师和学生都非常喜欢的过程性评价方式。班主任可以把安全行为纳入到班级行为规范的评价体系中，根据本班学生的行为习惯制定相应的积分加减制度和奖惩细则。这里的积分加减制度可以与前面提到的安全规则相匹配，做到有规则、有评价、有记录。通过评价约束学生的不安全行为，能培养学生自觉遵守安全规则的意识，取得更好的效果。

五、“安全明星”树榜样

榜样的力量是无穷的。在安全教育方面，班主任可以定期评选出班级的“安全小明星”，并请小明星们有针对性地上台分享自己的经验。针对小学阶段学生喜欢追逐奔跑的特点，班主任可以请小明星们分享自己课间文明休息的好方法；针对学生们容易与他人发生肢体冲突的问题，可以请小明星们分享自己化解矛盾的好方法。充分发挥身边榜样的力量，让孩子们度过一个安全的童年。

智慧树

缤纷课间，安全记心间

一、活动目的

1. 让学生明白课间休息，安全先行的道理。

2. 引导学生在安全的前提下开展丰富多彩的课间游戏活动，做到安全休息、友好交往。

二、活动过程

（一）发现问题

课间10分钟休息是学生最欢乐的时光，也最容易发生安全事故。为了让学生发现自己身边不安全的课间休息行为，刘老师首先让几个学生拍下同学们课间存在安全隐患行为的照片和视频，并在班会课上对这些行为进行分析讨论。基于身边的例子，学生都意识到了自己的许多行为都存在安全隐患。然后，刘老师列举了几则关于学生不文明休息造成安全事故的事例，让学生明白课间安全休息的重要性。最后，刘老师分享了一个两个同学在课间因为小矛盾互相推搡而造成大伤害的案例，提醒学生课间休息还应注意与同学友好交往。

（二）探讨问题

为了保障学生安全、快乐地度过课间十分钟，刘老师组织学生在班团课上围绕问题：课间十分钟该做些什么？如何安全、快乐地度过课间十分钟？展开讨论。经过讨论，除了休息和游戏外，学生还列举了做好课前准备、上厕所、喝水、缓解眼睛疲劳等活动。同时，学生们还明确了课间快乐十分钟的前提是保证安全，遵守课间安全规则。

（三）解决问题

基于学生自己的讨论，刘老师和学生们一起形成了几条保障缤纷课间的措施：

1. “课间休息规则”我来定

规则能让学生清楚地知道哪些行为禁止做，哪些行为可以做。刘老师和学生们一起形成了“课间休息四个一”的温馨提示和“课间安全休息规则”。

“课间休息四个一”的内容包括：

做好下一节课的准备
上一次厕所
喝一口水
远眺一次

“课间安全休息规则”的内容为：

叮叮叮下课了，课间安全要记牢
教室里走廊上，不奔不跑慢慢走
上下楼靠右行，不拥不挤有序行
玩游戏有规则，危险游戏不要玩
同学间好好玩，不追不打要友善

刘老师将形成的温馨提示和规则张贴在教室，随时提醒学生。

2. “缤纷课间游戏”我创造

哪些课间活动既安全又能达到放松的效果呢？刘老师联合家委会开展了一项

“缤纷课间游戏我创造”的活动，鼓励学生填写申请表，积极申请参与多彩的课间活动俱乐部。通过老师风险评估后的俱乐部就可以开始实行。

________________俱乐部申请表			
申请人		人数要求	
所需物品			□ 自备 □ 家委会购买________（数量）
安全风险评估	自评		师评
	奔跑　☆☆☆ 肢体接触　☆☆☆		奔跑　☆☆☆ 肢体接触　☆☆☆
老师建议			

3.“安全趣味小游戏”我来选

为了使活动达到更好的效果，刘老师每个月都会评选出“安全趣味小游戏”人气俱乐部。在安全方面和趣味性方面综合支持率最高的俱乐部将会获得此荣誉。

三、活动效果

缤纷课间，安全记心间的活动是同学们共同策划和完成的活动。经过几次实践，刘老师发现学生的安全意识明显增加了，课间奔跑、推搡的行为几乎不见了。同时，涌现了许多既安全又有趣的课间活动俱乐部，如：踢毽子俱乐部，魔方俱乐部，衍纸俱乐部，翻花绳俱乐部，象棋俱乐部，表演俱乐部等，同学们的课间活动变得十分丰富多彩。

练兵站

围绕下列“第一次”：第一次排查教室安全隐患（教室用电安全、硬件设施……）；第一次处理病事假（每天早晨的学生出勤和健康检查，传染病预防和隔离……）；第一次处理冲突事件（学生之间、家校之间、家长之间……）；第一次处理危机事件（校园伤害事故、学生离家出走……）开展研讨，并梳理出应该注意的事项。

作者简介

封芬，上海市实验学校附属东滩学校，曾获崇明区优秀班主任，崇明区中小学线上线下融合教学论文一等奖，所带班级被评为崇明区四星级班集体。

学生评价“初尝试”：不知道如何写学生评语，怎么办？

——善用“放大镜”，铺好“长阶梯”，写出“新花样”

柳小飞

学生评语是任课教师结合学生学习行为、生活行为等方面进行的综合性评价，也是家校合作的重要纽带。通过学生评语进行有效的家校沟通既能让家长了解学校教育的方式、内容和要求，保持与学校教育的一致性，使学生健康成长，也能让学生感受到老师的关心，明确自己今后努力的方向。走进学生心灵的评语能加深师生情谊，带来更好的教育效果。作为一名新手班主任，如何撰写学生的评语呢？

临近期末，复习、总结、阶段测评等工作忙得班主任们焦头烂额。这天，年级组长在工作群内“友情提醒”：

期末将至，请老师们对照期末清单完成以下工作：一是协助督促学生有条不紊地进行期末复习；二是写好学生评语，实现良性沟通……

看过通知后，班主任们在办公室讨论开了。

李老师说：“每个学期都要写评语，每次评语内容大致相同，也不知道是不是对学生有所帮助。”

“唉，李老师，我是个新班主任，平时和学生面对面，总有说不完的话，可是真要写评语，我却不知道如何落笔。”今年刚担任班主任的小张老师随即接过话茬。

王老师说：“你们还犯难呢，我的问题更棘手，两个班的评语，工作量可想而知。而且，也不能给出一个确切的评价，每次都是凭印象来写。”

……

一番讨论，班主任们大吐苦水。可是到底如何写评语，小张老师仍是一头雾水。

探照灯

一、功能认识不到位

一则好的评语对学生成长的作用是不可估量的，但也有许多评语难达到其教育目的，许多新教师认为写评语仅仅是例行工作，常常出现公式化评语、以点带面式评语等。如：公式化评语。这种评语千篇一律，不痛不痒，毫无新意，像公式、定律：“本学期该生……热爱……遵守……希望下学期……”也有些评语模棱两可，针对性不强，看不出学生成长的轨迹。如：“该生能按时到校，学习稳定，关心集体，但仍有不足（或者说还有一些缺点），望今后改正缺点，做个好学生。”此类评语缺乏导向，学生和家长阅后一无所获。再如以点代面式评语，以学生某次行为的优劣作定论，没有建立在平时全面考查的基础上，不结合实际情况，没有实事求是的评价，这种评语会让学生觉得老师工作不认真，并没有真正关注到自己，会带来诸多的负面影响。从以上问题可以看出，新班主任刚接手工作对评语的教育功能认识不足，没有进行深层研究，导致评语流于形式、浮于表面。

二、评价内容不全面

教师忽略学生个体差异，导致公式化评语出现，套用情况泛滥。甚至有老师以分数作为标准，一把尺子量到底，没有根据学生的年龄特点，心理因素，提出孩子在这个阶段能接受的建议和要求。

三、规划安排不系统

期末工作繁多，时间紧，任务重。其中，给学生写期终评语工作量较大且缺少可写资料。班主任为了完成任务不得不搞突击。对评语工作缺乏系统规划也是班主任写评语不到位的问题。

知识库

一、一个“核心”

新班主任刚接手工作对评语的教育功能认识不足，没有进行深层研究，导致评语流于形式。所以在工作过程中要抓住一个“核心”，即明确评语的功能。班主任要找准突破口，深刻意识到评语的重要性，才能最大程度发挥评语的德育功能。同时，一份中肯的评语得到学生认可后，方能提升教育成效。

二、两个“学会”

一方面，班主任要学会尊重学生的个体差异，全面、综合看待学生。在写评语时要给予每一名学生充分的尊重和重视，让学生在评语中获得认同，帮助他们准确认识自我。另一方面，班主任要学会尊重学生发展，不能以分数作为唯一的衡量标准，要根据学生的年龄特点和心理因素，提出该生在这个阶段能接受的建议和要求。

百宝箱

在学生素质综合评价中，评语评价有着其他评价方式不可替代的作用。评语是教师给学生最直接、最重要的信息反馈。学生通过教师的批语能看到自己的收获和不足。一份中肯、亲切的评语还能引发学生情感上的共鸣，促使学生健康地成长。为了写好评语，笔者从以下几个方面提供思路。

一、善用“放大镜”

法国教育家第斯多惠说:“教学艺术的本质不在于传授,而在于激励、唤醒和鼓舞。”教学艺术要重视对学生的激励,这要求老师要成为生活的有心人,随身携带“放大镜”。综合观察学生的学习、生活行为,捕捉日常生活点滴,尤其重视具体事例的收集和整理。教师要善于观察,及时发现学生的亮点并记录,使其成为后续评语的素材。

二、铺好“长阶梯”

如果未深入学生内部作观察了解,没有掌握由实践获得的第一手材料,就不可能有写好学生评语的充实内容和理论依据,就不能恰如其分地写出学生的优点和不足。班主任可以先对学生进行细致观察,再整理相关资料,铺好评语“长阶梯”:

1. 常规资料。学生的学籍档案,班务日志,学生手册,健康检查表等,全面了解学生的在校情况。

2. 学习资料。班级点名册,评价资料,作业完成情况表,学习活动资料(如:学习经验、方法、兴趣),了解学生的学习态度及学习效果。

3. 学生观察档案。建立健全的班级学生观察档案,记录下观察到的学生典型事例,兴趣爱好、品德和个性特点,成长过程中取得的成功,了解学生个性,突出其闪光点。教师对某个学生有感受时,及时在观察档案中记录下来作为阶段性的初步评价,到期末进行归纳、总结,评语就趋于全面了。

通过收集到的资料,班主任具体、全面掌握学生的家庭背景、日常表现、学习能力和学习态度,就能有针对性地、准确地评价每一个学生。

三、写出“新花样”

一则简短的评语是老师对学生的概括性反馈,作为家校沟通的重要媒介,不仅要让爱在评语中汩汩流淌,还要拒绝千篇一律,写出教师个人特色。采用新颖有趣的评语点燃学生学习、生活的热情,笔者在此推荐以下几种颇具特点的评语形式。

(一)贺卡评语,年味四溢

临近第一学期期末,可以利用新年贺卡(第一学期),写下老师对学生的期盼和建议,顺便送上新年的祝福。

（二）书信往来，纸笺寄情

教师可以采用写信方式，拉近与学生的距离，通过平易近人的方式和学生讲讲心里话。书信具有平等性，通信双方处于平等位置，可以让学生在相对轻松的情况下了解老师对他的评价。甚至可以消除个别学生对老师的隔膜，更加信任老师，向老师敞开心扉。

（三）引经据典，意趣横生

言简意赅的名言凝聚了古圣先贤的人生智慧，可以让我们对生活产生更多的思考。评语中可以引经据典，恰当运用名言、古诗等，让学生在简短的语言表达中感受评语的力度。

如：学向勤中得，萤窗万卷书。三冬今足用，谁笑腹空虚。（勉励勤学）

知错能改，善莫大焉。（鼓励改错）

（四）学科特色，激发兴趣

老师要打破以往严肃冷峻、刻板单一的评价语言，可以结合学科特色进行评语创作，如语文老师可以尝试为学生私人定制古诗（姓名藏头诗、特点古诗）、三句半等；英语老师可以采用英语评价语，或者引用一些英语名言；美术老师可以在评语上画上一些简笔画，让评语更加生动。富有个人特色的评语形式会让学生感受到老师的用心。比如：“老师记得，苏轼在《晁错论》里说过‘古之立大事者，不惟有超世之才，亦必有坚忍不拔之志’。希望你在学习上坚忍不拔，勇敢前进。”这样的评语能显得语文老师腹有诗书，给孩子们较高文学素养的熏陶。

（五）改变称谓，拉近距离

传统的评语形式可以用第二人称：“你是一个活泼开朗的孩子……”一个“你”拉开了师生的距离，让双方愈发陌生。老师可以采用更加温暖的称谓让学生感受到自己的独一无二。如“我们的小丁”“小小王羲之”“小马龙”。比如：“嗨，小马龙，乒乓赛场上的你是那样神气，我们都为你感到骄傲！你一直是各项运动的领头羊，班级的获胜你当之无愧居首功，老师和同学们都为你喝彩。在学习上，希望你也能发挥体育竞技精神，克服各种学习上的困难，早日把胜利的奖牌拿回家。”

智慧树

简单的评语改变了他

小丁平时活泼可爱，积极发言、乐于助人。只有一点让各科老师们头疼不已。他啊，是我班有名的"草书大王"。字迹潦草不堪，每次批改他的作业，老师们的眉头都打着结。作为班主任的我，时时提醒，小丁每次都忽闪着大眼睛认错，字却没有一点改观。

一连几次，他的作业质量没有丝毫改变，这天我忍不住在他的作业本写下一行："你能写好吗？"一方面是督促他要把字写端正，另一方面也是表明自己的态度。意思是，你要是再写不好，我可要找你聊一聊了。第二天，如常批改作业。当我再次打开他的作业本时，吃惊地看到小丁的回复："柳老师，这次我写得行吗？下次我会写得更好！"虽然仍写的歪歪扭扭，但修改痕迹依稀可见。看得出他很努力。

我仿佛看到一幅真诚的面孔，感到一种胆怯的眼神在期待地望着我，一种愧疚之感油然而生。我庆幸自己没有叫来小丁当面训斥，而是将不满情绪写在了"你能写好吗？"这句话中，可是他读出的却是老师的期待和鼓励。

接着几次的作业，我都根据他的作业表现写下了一些鼓励的评语："老师相信你一定会写得更好！""你的进步让我吃惊！""加油吧，你是最棒的！"……慢慢的，小丁发生了变化。书写认真了、准确率提高了，学习的劲头也更足了。

临近期末的时候，我把这件事情记录到了小丁的期末评语当中。"小丁，感谢你在课堂作业簿中和老师的'书信'沟通，老师感受到了你的努力……"没想到小丁回家后也通过微信给我回复："柳老师，我也很喜欢和您说悄悄话，我希望自己下学期能有更大的进步！"

通过这件事，我深切体会到我们亲手写下的评语，对于学生来说有多重要，他们那么在乎老师的一句话，甚至是一个字，他们时刻期待着这份"关爱"的降临。想想那些缺乏人情味的对、错号，不但作用有限，有时还会挫伤学生的积极性。这些评语在改变的同时，也改变了我的教育方式。现在我尽量使用一些委婉的批语，让含有人性化的语言在师生间默默传递，让学生消除自卑、树立自信，感受成功的喜悦，体会到老师的期待，从而使他们不断完善自己。

练兵站

根据学生实际、班级班情设立学生观察档案。记录下观察到的学生典型的言谈举止和真情实感，兴趣爱好、品德和个性特点，成长过程中取得的成功，了解学生个性，突出其闪光点。教师对某个学生有感受时，就在观察档案中记录下来作为阶段性的初步评价。

根据学科特色设计具有老师个性的评语并将优秀评语建档长久保存。

作者简介

柳小飞，上海市实验学校附属东滩学校，曾获崇明区优秀班主任，崇明区第七届中小学班主任基本功竞赛（班会设计）一等奖，崇明区第七届中小学班主任基本功竞赛（综合）二等奖，所带班级被评为崇明区四星级班集体。

同事交往“初尝试”：与学科教师产生误解，怎么办？

——勤沟通，立威信，常互助，显豁达

陈洪云

俗话说，“一个好汉三个帮”，班主任工作也是如此，需要任课老师的支持，新手班主任往往将注意力放在班级管理上，而忽略了与任课教师的团队建设。一个以班主任为核心的、团结协作、有效沟通、平等爱生、充满教育智慧的班级教师团队，对学生的发展起着重要的作用。作为一名新手班主任，如何与班级任课教师相处，如何构建起这样的团队，对新入职的班主任来说，也是个不小的挑战。

小剧场

“哎，三（1）班学生座位又换了，我这刚能把名字和人对上号，现在又有点糊涂了。”数学刘老师一进办公室，就不停抱怨。

“可不是嘛，这开学还不到一个月，都换了两次座位了，小李这是干嘛呀！”英语张老师的附和夹杂着一丝不满。

“小李刚做班主任，工作是认真的，可每次看到我们都是板着脸，有什么事也不和我们说，想帮她都不知道怎么帮。”具有多年班主任经验的数学刘老师说道。

正准备进办公室的小李听到了，黯然伤神，又有些委屈，刚接手班主任工作

一个月不到，每天被琐事缠身，一心想着怎么把班级管理好，可能自己脸上的笑容少了些。觉得换座位是小事，本意是自己不想麻烦两位老教师，自己来解决，没想到……

探照灯

新手班主任，在班级建设中，有时会和任课教师出现一些“小矛盾”，究竟是什么原因会导致这样的局面呢？

一、观念缺乏共通性

对于新手班主任来说，觉得班级琐事不应给其他任课老师添麻烦，于是会凡事独断独行，没想到这反而容易和任课教师产生一些矛盾。而对于其他任课教师来说，他们觉得自己也是班级中的一员，有些事也应该知晓并参与其中。

作为一名班主任，观念上首先要明确除了要带好班级学生，就要经营好班级的任课教师团队，这样才能凝聚成合力，共同助力班集体健康发展。

二、沟通缺乏有效性

新手班主任，常常会忽视与任课教师及时有效的沟通。案例中的小李刚刚接手新班，对学生的情况还不是很了解，因此，在调换座位时，应该积极与两位任课教师沟通，说出自己想法的同时，认真倾听他们的建议或意见，这是对任课教师的尊重，从而更愿意积极参与班级事务。融洽了同事关系的同时，推动了班集体的发展。

知识库

一、两个“协调”

班主任是教师团队中的核心人物和润滑剂，也是学科教师教育教学的助手。一是要协调好各个学科之间的关系，让任课教师都对班级工作有个深入地了解，促进学生全面发展；二是要协调好任课教师与学生之间的关系，在学生面前维护任课教师的形象，介绍任课教师的特点和风格。另外，多与任课教师沟通学生的各方面情况，客观不偏激，让任课教师全面了解教育对象。

二、五个"要"

"要主动"——制定班级工作计划等班级事务时，要尊重任课教师，主动征求任课教师的意见。

"要学习"——作为新班主任，要有着虚心学习的精神，任课教师都有各自的长处，要多学习他们的教育理念、教育方法。

"要满足"——负责任的任课老师常常会和班主任"抢时间"，给学生查漏补缺，此时，班主任要尽量满足任课教师的合理要求。

"要邀请"——班级在校内外组织的大型活动以及家长会，班主任要热情邀请任课老师一起参加。

"要协调"——若任课教师和学生、家长有矛盾时，班主任还要做好协调工作，积极营造班级的和谐环境。

百宝箱

一个好的教师团队是需要经营的。建设好教师团队并不难，只要我们找对方向，用心经营，轻松解决班主任与任课教师的交往难题，关键就是由"个体经营"变"集体联营"，我们可以从以下几个方面去做。

一、借助平台"勤沟通"

虽然平时会有很多工作群、家校群，但是"班级任课教师群"对于班集体建设以及建设好温馨和谐的教师团队，还是很有必要的。如果你是一名新手班主任，上任就可以建立班级任课教师群，并管理好本群，方便任课教师在这里沟通班级学生情况的同时，也增加了任课教师的归属感，让任课老师意识到自己是这个集体的一分子。遇到一些班级问题，也可以随时在群内向有经验的任课教师请教，这样既拉进了同事关系，又让任课教师有被需要、被尊重的感觉。

二、充分尊重"立威信"

班级的健康成长，依赖于全体教师的共同努力。作为年轻班主任，要从内心真诚地尊重任课教师，这样学生才会更加尊重他们。

在工作中，班主任不可以利用自己在学生中地位，有意无意在学生面前抬高自己，贬低任课教师。班主任要智慧、理性地对待学生对任课老师提出的意见，不能鲁莽草率，一方面，正确引导学生客观全面评价老师；另一方面，通过合适的方式和任课老师沟通，婉转地反映学生的意见，与任课老师一起寻找一个更好的平衡点和教学方法来实施教学。

三、助而后融"常互助"

班主任与其任课教师相比，一般在学生心中地位较重且有号召力。班主任要尽量为任课老师的工作提供各种方便，协助他们做好工作，如在各种活动比赛中，班主任可以及时向任课老师推荐有各类特长的学生，保证他们参加活动的时间，协助做好赛前准备工作等；另外，还可以帮助任课老师选拔有能力的课代表，一同帮助任课教师分担工作，助任课老师一臂之力；当任课老师临时有事，班主任可以第一时间做好安排，主动分担任课老师的工作。班主任真诚地积极协助，定会让任课教师如沐春风，肯定会全力配合班主任做好各项工作。

此外，如果某一门学科老师抱怨课堂上纪律较差，班主任一定不能放任不管，在征得任课教师同意的情况下，可以进课堂听课，和任课老师一起发现问题，商讨解决问题的办法。

四、吃苦耐劳"显豁达"

年轻班主任在工作中必有一些烦心的、生气的，甚至让人崩溃的事，可能还会夹杂着一些对同事的不理解、不配合等等。但是人只有经历了事情才能成长，所以，年轻的班主任要做好吃苦耐劳的准备，坚定工作信念，努力养成乐观、积极、豁达的性格，特别是面对一些无谓的流言蜚语，要洒脱，只要我们尽全力付出自己的真心和爱心就可以。

另外，作为一名年轻班主任，工作中不要斤斤计较，不去计较个人的得与失，吃小亏是福，有一颗豁达的心。用心做事，宽以待人，久而久之，同事对你的认可度会越来越高。

智慧树

待到山花烂漫时，她在丛中笑

——记一次温馨教师团队的“头脑风暴”

经历了上次的“换座位”事件后，小李意识到光靠自己的“单打独斗”是不够的，还容易让其他任课老师产生误解，只有“联合作战”，尊重为先，积极求助，既能融洽同事关系，又能起到协同育人的目的。

现在的小李，也能做好表情管理，不管工作多烦心，见到同事都会微笑问好。在征得另外两位任课老师的同意下，还拉了一个微信群，取名为“铁三角”，除了讨论工作外，恰逢节日，小李也会在群里发一些祝福。

最近，小李被班上小黄同学的事情困扰着，小黄是一个离婚重组家庭的孩子，近日，细心的小李老师发现他试卷上写的名字从“陆黄英（化名）”改成“陆刘英（化名）”了，经过了解才知道，她亲母姓“黄”，新妈妈姓“刘”。

具有职业敏感度的小李意识到，这小小的行为背后也许隐藏教育契机。可是，作为班主任的她，到底该做些什么呢？她又茫然不知，毫无头绪，于是想到了求助两位经验丰富的任课老师，于是她对两位老师说了事情经过以及自己的困惑。

是“视而不见”还是采取“教育干预”？于是三位老师就小陆同学的“改名风波”展开了一次头脑风暴。

在了解了小陆的改名行为是自愿的后，经验丰富的刘老师分析道：“小陆这孩子最近学习上进步很大的，她这个行为反映内心是缺少爱的，对于她这样一个特殊家庭的孩子，长期缺少母爱，现在突然有了母亲的关爱，她特别想告诉别人，所以她这个行为反映的是内心渴望被爱的一种心理问题。”

“是啊，这孩子也确实挺可怜的，父母离婚以后，孩子的奶奶认为是妈妈有错在先，拒绝让孩子和亲妈见面，还经常在孩子面前说亲妈妈的‘坏话’，她爸爸也不经常回来，确实缺爱啊！刘老师分析得有道理。”张老师教这个班级的时间比较长，学生们的情况了解得比较清楚。她补充道。

听了两位老师的分析，小李回忆着最近小黄同学的种种。

“老师，你看我妈妈新给我买的鞋子好看不？”

"昨天是我妈妈陪我写作业的……"

好像"妈妈"这个词语最近在她嘴里频繁出现，这也更加印证了刘老师说的。

小李老师心中渐渐地明确了对小黄的教育方向，给予爱，感受爱，才能让她在爱的包围中健康快乐地成长。

于是，她和两位任课老师一起制定了"关爱计划"，首先，三位老师一起去家访，在家访过程中，指出小黄最近的进步之处，肯定了新妈妈的付出，委婉地对奶奶提出希望，不要阻断孩子和亲妈妈的联系，让孩子感受到两个妈妈都深爱着她，是一件很幸福的事情。

接着，各位老师认为要关注到小黄的点滴进步，及时鼓励，强化她的正向行为，帮助她改掉之前的一些坏习惯。

渐渐地，小黄脸上的笑容多了，那个书写潦草，作业拖拉的小黄不见了。那天，小李老师走进教师，讲台上的刘老师和小黄有说有笑，在讲解数学题，要知道，曾经，小黄是最不喜欢数学的，数学刘老师每次提起小黄也是怨声载道的……而现在，这和谐的画面让小李老师不禁嘴角上扬……

山花烂漫，那是和谐教师团队为爱绽放的花朵，她笑，她也笑了，她们都笑了……

练兵站

结合自己在与同事交往中遇到的困惑和难题，和初入职的小伙伴们开展一场"头脑风暴"，一起梳理出人际交往中的有效方法，帮助自己更好地做好协同者的工作。

作者简介

陈洪云，上海市实验学校附属东滩学校，崇明区德育教学能手，崇明区德育兼职教研员。曾荣获崇明区十佳班主任、优秀班主任。所带的中队被评为全国动感中队，崇明区五星级班级，独立承担市级课题。

自我发展“初尝试”：新入职班主任产生迷茫，怎么办？

——精神成长，专业成长，个性成长

王月华

新入职的班主任面对学科教学与班级管理工作的双重压力，面对来自学生、家长、领导的多方关注，如何做好之间的平衡，对自我发展定位常常感到迷茫。本文以班主任教师职业生涯的规划为导向，着眼于教师的自我发展，引导教师制定切合自身特点的发展规划。

小剧场

“刘老师，我家孩子想换同桌。”“小刘老师，今天在检查班级卫生时，发现你班级的地板没有打扫干净，学生的桌椅摆放不够整齐，总的来说，还是存在很大问题。”“小刘啊，这次你撰写的教育案例还是不过关，我来和你说一下修改意见，你再修改一下。”

初入职的刘老师总是因为这突如其来一个接一个的问题而手忙脚乱。学生家长质疑她的班级管理能力，班级文化建设也不尽如人意，学校布置的各项工作任务也需要进行返工……面对这些像寒冬里的雪花一样源源不断袭来的问题，焦头烂额的她不禁对自己的班主任工作能力产生了怀疑，对未来的职业发展也感到一片迷茫。

探照灯

初入职的教师都会或多或少地遇到以上的问题，深究其原因，有以下几点：

一、理论与实践脱节

新手班主任大部分是刚毕业的大学生，他们拥有先进的教育教学理念与充沛的知识储备，但因为教育实践经验不足，因此常常产生理论与实践脱节的情况，书本上学到的东西无法用来解决实践中遇到的真实问题，缺少建立理论与实践相联系的桥梁。面对突如其来的诸多问题，初职教师不知道如何妥善合理地解决与沟通，不能及时地将自己原有的知识储备转化为经验去处理问题，因此会陷入迷茫的境地。

二、计划与统筹脱节

新手班主任因为初次接触学校工作，对于要做的工作没有概念，对于学校接踵而来的各项工作也没有统筹意识，接到任务就按计划执行，师傅怎么布置就怎么完成，这是新手班主任们的工作常态。因此，他们常常是被任务驱动着走，以完成任务为目标，有时手忙脚乱，疲于应付，工作效果不佳。因为缺乏经验，在管理班级、布置教室等一些常规工作中也只是依葫芦画瓢模仿着做，欠缺前延后续、主动探究、深入思考的能力。计划与统筹脱节，导致工作条理不清晰，陷入工作的迷茫期。

三、定位与发展脱节

班主任工作是一项带领集体发展的“慢”事业，但是往往刚入职的班主任们大多年轻气盛，希望自己能够迅速成长，实现自我价值，对自己都有较高的职业定位。新手班主任小刘老师处理家长、学生、学校三方聚焦的问题时，因为急于求成，问题思考不够周全，处理的结果没有达到理想的状态，焦躁的情绪不由地出现，甚至开始对自我的教育教学能力产生怀疑。新入职班主任们刚站上讲台的满腔热情被现实浇灭，开始出现自我否定的情绪，自身的定位与发展目标脱节，逐渐看不清未来的发展方向。

知识库

一、“理论”与“实践”智慧结合

新教师的职初培训中，会听到很多专家名师的理论与实践经验。新教师需要在班主任实践中找到一个“引线”，把理论和实践相结合。思考在前，实践其中，过程反思，才能不断提高自己的实践力。

二、“内修”与“外联”智慧兼容

班级就是一个小社会，班主任不仅要对内处理好学生个体产生的问题、学生之间的问题、任课教师与学生的问题，对外还有班级与班级的问题、家长与学生的问题、家长与老师的问题等。班主任在班级建设的同时，要兼顾其他，内修于心，外修于行，做好班级内部建设的同时要有眼观六路、耳听八方的能力，让外部“阳光”帮助内部“土壤”孕育出班级的花朵。

三、“问题”与“资源”智慧转化

每一个班级或多或少都会出现问题，每一个班主任都碰到过棘手事件，问题是危机也是转机。新手班主任工作中遇到问题应该充分发挥教育机智，把问题转化为班级成长、个人发展中的资源，积极面对和处理问题，让问题成为班主任岗位成长之路上的实践经验。

百宝箱

当新手班主任千头万绪时，该怎样走出迷茫，走出一条属于自己的教育之路呢？在这里，给大家提供一些方法和思路。

一、精神成长：做一个胸襟开阔的班主任

新手班主任面对发生的各种问题，首先不要慌乱，先思考再辨别，也可以询问周围有经验的老师共同商议。要做一个胸襟开阔的班主任，首先要虚心求

教。面对领导的意见要虚心听取，深入思考；面对家长的质疑要明辨是非，耐心疏导；面对学生的问题要换位思考，豁达理性。胸襟开阔的班主任会听取更多有益于自己发展的意见和建议，虚心求教、理性分析、及时调整才能取得更多的进步。

二、专业成长：做一个胸有成竹的班主任

班主任是一个具有高度规范要求的专业岗位，需要完善且专业的知识储备。作为班主任，需要熟知与工作息息相关的重要文件，如《中小学德育指南》《中小学班主任工作规定》《中小学生守则》等，清楚自己的定位，了解工作内容，树立工作目标；要广泛阅读适合自己专业发展的书籍，如《班主任工作漫谈》《儿童的人格教育》等，提升自身修养，丰富知识储备。初职班主任还要善于积累与学习，在工作中及时记录、善于反思、汲取经验，以实践促进专业发展，做一个胸有成竹的班主任。

三、个性成长：做一个超越自我的班主任

每个学生都是独一无二的，每个班集体也是风格迥异的。作为班主任，要与时俱进，结合自身特点和班级学生特点，深入挖掘学生潜质，充分利用班级资源，全方位思考，制定班级五年的发展规划，创建一个优秀的特色班集体。可以结合自身语文老师的学科特长，创设古诗词诵读活动特色班集体；可以结合学生运动特长，创设体育健将班集体等等。班主任要敢于超越自我，激发学生个性，在创建特色班集体中成就学生和自我。

四、职业成长：做一个全面发展的班主任

关注职业生涯的发展，是奠定教师转型的第一步。从新手型教师逐渐转变为成熟期教师，必不可少的就是自身的职业规划。初职班主任要对自己有清晰的定位，通过分析自己、了解自己、评估自己的能力，建立阶段目标和总体目标；要学会统筹工作安排，合理安排轻重缓急的任务排序，制定备忘录；通过一段时间的实践，要及时反思和调整，不断修缮和补充自身的职业规划；努力成为一名全面发展的班主任。

智慧树

破解班级管理的迷茫，做一个智慧的班主任

作为新手班主任，在自我规划中首先要做一个智慧的班主任，在繁忙的班级工作中找到突破口与发展点，要勇于直面班级管理中的迷茫，充分吸纳各方力量，其中要做好班级凝聚力工程。

对刚接手的班级，首先要解决班级的组建成型，而后是班级向心力。这其中主导是教师，参与主体是学生，而家长也是不可或缺的推动因素之一。只有这三方面融合且和谐发展，才能让班级不断增强凝聚力。

一、智慧行动，凝聚学生之力

班级分析：班级有 48 个学生，短时间互相认识还是有难度的。针对一年级学生班级人数多但是还互相不认识的情况，鼓励学生互相认识是首要问题，教师把名单发给每个学生，让他们互相认识人名。此时正好有一个契机，那就是班级学生自愿订阅了十几种报纸，每种报纸都有超过 10 名学生订阅。光靠老师一个人来发报纸肯定力量是不够的。开学第一周，班级首先就进行了发报员小岗位的竞争上岗。

评选条件是：1. 自愿发一种报纸。2. 认识你所发报的所有成员。3. 能记住你所要发报的名单以及学号。

入学第二周，课间就能看见学生们拿着名单认同学名字，回家和家长交流今天又认识了几个小朋友。接下来老师在全班进行发报员培训，从写学号到如何发，每个学生都有机会参与。

一轮实践结束之后，经过全班的讨论，教师与学生商定好，由于报纸比较多，每一种报纸由两个发报员来发更加合理。通过一个月的观察，我发现有的学生表现很积极，在榜样的影响下，其他学生也能顺利完成发报任务。班级团队的组建，就在发报的过程中自然而然地完成了。学生们在实践体验中关系不断增进，学生在一个月内的新学期的适应阶段也逐步过渡完毕。

二、家校合作，凝聚家长之力

家校互动、合作的深度与广度在不断拓展。教师通过个别访谈、问卷调查等形式，了解到一年级新生家长对于孩子的关注，并且也想参与其中的心情。于是教师定期在钉钉群里发布各位老师的学科要求、班级整体状态等，家长们在关注到这些信息后，整体了解班级的同时，对自己孩子的学校生活状态也有了客观的评价，随后在个别与我联系沟通中，就会特别有针对性。正是有这些良好的沟通作基础，班级中很多重要的活动都得到了家长的积极配合。

如学校举行科技节的纸飞机比赛，我们动员了学生之后，也在互动平台上告知了家长，家长与孩子一起上网查找叠纸飞机的方法，一起动手叠、一起飞。这样的亲子活动不但拉近了家长和孩子的距离，也拉进了学校与家庭的距离。

温馨教室的版面制作与评选，教师先在班级中征询了小朋友们的意见，再结合教师自己对班级的期望与班级规划，初步完成版面的设计，随后发布给家长征询意见，获得家长的支持与帮助，让家校合作呈现出一种很和谐的状态。

在这些沟通的基础上，教师也做了一些新的尝试，与家长们定期分享家庭教育的优秀文章，开始偶尔有家长讨论这些文章，并且针对自己的孩子进行分析。之后不断出现了家长之间相互交流。这种家长之间的交流学习，不断促进着家庭教育与学校教育的方向保持一致。家长之间的互相鼓劲；家长之间育儿心得的交流；教师对每个学生教育的独特性探讨，都促进了教师对每个孩子潜能的发掘，让因材施教可以有的放矢。

班主任智慧的体现，是由一件件做在实处的小事串联起来的，让班级成为班主任、孩子、家长心中一个独特的存在。班主任对班级的整体设计和家长的配合让班级这棵大树的"干"不断向上攀升，学生主体的行动让成长的"根"不断朝下深扎，班级凝聚力就在向上长和向下扎的过程中形成了。

练兵站

为自己的班主任职业生涯制订一份短期发展规划。

作者简介

王月华，上海市闵行区七宝镇明强小学，2002年曾赴云南支教，挂职教导主任。曾荣获全国德育科研工作先进实验教师、闵行区十佳师德菁英、闵行区银奖班主任，闵行区记功等。

第二编

在岗班主任的管理艺术

十个怎么办“做扎实”

导读

“在岗班主任培训”是胜任性培训，聚焦十个“做扎实”，帮助在岗班主任不断提高班级管理水平和教育艺术，侧重于根据新形势、解决新问题、提高建班育人的实践能力和研究能力的培训。

●培训对象

所有在岗小学班主任。

●培训目标

针对班主任的工作背景，直面班主任工作中出现的新情况、新问题和新挑战，通过多种形式的校本培训，突显班主任工作的时效性，提高班主任工作的艺术性和科学性。在现实问题的突破中不断优化工作理念、创新工作方法，提升专业水平。

●培训课时

30 课时

●培训内容

单元一　E 网有深情：如何在“互联网 +”背景下建班育人（3 课时）

单元目标

主动适应信息化背景下班主任工作新要求，充分利用网络资源开展德育工作，提高信息素养，创新教育方式，让班集体建设实现线上与线下的深度融合，创新发展。

单元内容

（一）班主任工作面临网络环境双刃剑

（二）“互联网 +”班主任工作的信息素养

（三）“互联网 +”班主任工作的基本策略

单元二　心灵直通车：如何以“心育”促进学生健康成长（3 课时）

单元目标

了解新时期小学生的身心发展特点，掌握心理辅导的一般技巧，以学生心理健康为目标建设班集体；以发展性为原则，对全体学生开展心理健康教育；能甄别学生的常见心理问题，结合学生实际开展心理健康教育。

单元内容

（一）新时期学生的身心发展特点

（二）班级心理健康教育的主要目标和内容

（三）班主任开展心理健康教育的途径和方法

（四）学生常见心理问题的甄别与应对

单元三　生涯我做主：如何以“规划”引领学生生涯发展（3 学时）

单元目标

了解小学职业生涯教育的含义和适合本年段学生生涯发展教育的内容；能在班集体建设中，帮助学生树立职业生涯发展意识，提高学生认识自我，学会选择，适应变化和学习规划的能力；掌握生涯发展教育的技能，能结合学生实际开展有效的职业生涯教育。

单元内容

（一）生涯发展教育的现状与问题

（二）生涯发展教育的含义与核心内容

（三）各学段生涯发展教育的目标定位及其实施方式

单元四　时尚引潮流：如何让“时尚”助推班级文化（3 学时）

单元目标

了解“时尚文化”的概念及特征，明确时尚文化与传统文化的关联，辨析时尚文化的优劣，挖掘时尚文化的育人价值，引导学生正确对待时尚文化，探索“时尚文化”融入班级文化建设的途径，建构体现时代特征和班级特色的先进文化。

单元内容

（一）充分发掘“时尚文化”在建班育人中的功能

（二）厘清“时尚文化”融入班级文化的基本途径

（三）借助"时尚文化"弘扬优秀传统文化的策略

单元五　因材巧施教：如何让"个性"成就花样少年（3学时）

单元目标

了解个别化教育的内涵和意义；明确个别化教育的主要步骤；掌握个别化教育的基本策略和方法；学会运用恰当的个别化教育方法和手段建设平等和谐的师生关系，促进学生内在潜能的不断发展。

单元内容

（一）教育对象的个别性、教育方法的多样性和教育形式的差异性是个别化教育的主要特征

（二）承认差异、尊重差异、善待差异并因势利导是个别教育的基本原则

（三）观察分析、归因诊断、制定计划、效果评估、提炼总结是个别化教育的操作策略

单元六　冷静加专业：如何让"危机"成为"转机"（3学时）

单元目标

在班主任的班级管理工作中，对偶发事件的处理考验着班主任的智慧。通过学习，掌握面对偶发事件时处理技巧，能巧妙地将"危机"转化为"转机"。

单元内容

（一）偶发事件的界定

（二）偶发事件的特点

（三）偶发事件处理策略

单元七　合力助成长：如何打造家校社共同体（3学时）

单元目标

了解"家校社共同体"建设的重要意义和基本内涵，掌握"家校社共同体"建设的基本途径和策略，学会整合家庭、社会、学校等多方资源，促进学校教育、家庭教育和社会教育优势互补、资源共享、相互促进、协调运作，形成教育目标一致、理念一致、行动一致的"家校社共同体"，营造良好的育人氛围。

单元内容

（一）构建家校社共同体的现代教育模式是社会发展的必然要求

（二）解读家校社共同体“三主”策略：家庭教育是主体，学校教育是主导，社会教育是主流

（三）家校社共同体育人模式的建构

单元八　与时且俱进：如何开展班级劳动教育（3学时）

单元目标

认真学习《大中小学劳动教育指导纲要（试行）》等相关文件，认识到劳动教育的重要性和必要性，掌握劳动教育方法和途径，开展学生劳动观念、弘扬劳动精神教育，强化劳动实践，丰富学生劳动体验。

单元内容

（一）把握劳动教育的育人目标

（二）明确劳动教育的内容要求

（三）规范实施劳动教育课程

单元九　美美要与共：如何开展班级美育（3学时）

单元目标

认真学习《关于全面加强和改进新时代学校美育工作的意见》精神，明确指导思想，掌握工作原则，积极发挥美育育人功能。

单元内容

（一）美育教育的基本原则

（二）美育教育的路径和方法

（三）积极创新美育教育

单元十　心中有关怀：如何开展班级安全教育（3学时）

单元目标

通过理论与实践操作相结合，让班主任学到常用的急救知识，掌握基本的急救技能和日常简单的护理方法，以便学生在发生伤害不测时，可以对学生实施有效的伤害急救。同时，运用这些知识、技能和方法指导家长和学生，从而提升家庭的安全自救能力，提高学生安全防范能力，进而提升了学生的综合素养。

单元内容

（一）班主任是学生安全的守护神

1. 提升伤害急救能力是班主任人文关怀的重要内容。

2. 掌握伤害急救的应知应会是班主任工作的基本功。

（二）安全教育是学生成长发展的保护伞

1. 伤害急救的基本常识和基本技能。

2. 安全教育的学生指导和家庭指导。

无法平衡网络这把双刃剑，怎么办？

——在“互联网 +”背景下建班育人

陈丹华

如今，互联网已成为人们学习、生活和工作不可或缺的必需品。然而，它也具备两面性：惠泽人们的同时，夹杂着许多不良信息让它成了一把“双刃剑”。无法平衡网络这把“双刃剑”，学生容易沉迷网络游戏，怎么办？本文提出以《中小学学生守则》为主要内容，立足学生生活实际，引导青少年正确使用网络。

小剧场

一下课，几个男生围在一起聊着网络游戏，聊得兴起时，还还原游戏中的情节，时常追逐打闹，也常常聊得忘乎所以，上课铃声响起，才想起还要去一下洗手间。于是，动作快一点的已经往洗手间方向飞奔而去，等老师都已经开始教学活动了，他才回教室；动作比较慢的，老师刚上课没多久，就举着小手要求上厕所。且不说他们的行为影响了自己的学习，教学秩序也被他们打乱了，短短 35 分钟三三两两，进进出出，同学们的注意力也难以集中。

这几个沉迷网络游戏的学生上课表现，他们要么因缺觉少眠而没精打采，要么一心想着网络游戏而注意力涣散，学习状态越发糟糕。

相信有不少班主任都会遇到这样的情况，该如何应对这样的困境，平衡网络这把“双刃剑”呢？

探照灯

为什么学生会沉迷网络呢?

一、网络游戏"有引力"

网络游戏不同于现实的是，它在虚拟世界创设的"排名过关"可以满足青少年的好胜心。大部分学生在现实的学习生活中也渴望得到老师、家长的肯定，体验成功的感受，但是学习获得成功的前提是付出时间和精力，很多时候还得不到立竿见影的成果回报。然而网络游戏却不同，它能让打游戏的人获得较大的主宰权，游戏中想要达成的目标也只需要便捷、简单的操作便能得到实现，会导致学生越陷越深。

二、家庭环境"少关爱"

沉迷网络游戏的孩子，他们一开始又是怎么会接触到网络游戏并沉迷其中的呢?很大一部分原因是他们平时缺少父母的关爱。有的家长忙于自己的工作，对孩子的学习和生活采取不闻不问的态度。他们认为送孩子到校学习，孩子所有的问题都应该在学校里由老师解决，作为家长的他们只负责孩子的吃穿用住。有的家长只是一味地看重孩子的学习，不会全方位地关心孩子的身心健康和良好行为习惯的养成。久而久之，这些孩子就在网络游戏中迷失自我，不能自拔。更有甚者，家长自己也沉迷网络游戏，就更不会察觉孩子的行为有何不妥，更别提去关心孩子的改变了。

三、课外生活"不丰富"

再看孩子们的课后生活，他们一放学就被送到这个培训班，那个提高班，再不济就送到晚托班，从学校的大门跨出去便进入另一扇大门。即便父母是本着锻炼孩子身体为目的而报的网球班、篮球班、足球班，如果撇去孩子自身真心喜爱的因素，那么这对孩子来说也是一种负担，一种不是来自自我需求的负担。更别提那些进入培训机构做学业上进一步提升的以及以完成作业为主要目的的晚托班的孩子，在他们眼里自己的课后没有自我安排的自由。

如果这些孩子的兴趣和爱好没有办法得到满足，自然会找其他的途径满足。

网络游戏就是一个很便利的途径，他们就会沉溺于虚拟世界，去寻求关注。

知识库

一、父母干预是"法宝"

说到底，学生上网成瘾属于校外活动，要改变孩子这一现状需要监护人的彻底干预。父母对此的重视和及时干预可以起到决定性的作用。那么父母如何干预呢？平时，父母可以多和孩子共同阅读，甚至和孩子一起上网游戏，但是一定要约定好上网的时间限制。这么做就是为了提供父母和孩子之间沟通的话题，建立两者间的亲密关系，不要成为彼此最熟悉的陌生人。

二、学校关爱是"钥匙"

作为监护人的父母首先应积极应对，作为学校的老师也要想方设法让学生在校园生活中感受到老师对他们的关爱，感受到同学对他们的友爱。他们的精神世界丰富了，在家、在校能感受到被"爱"包围，就不需要去虚拟世界中找寻存在感，更不必依赖网络去麻痹自己。

三、正向引导是"推力"

我们说过，网络是一把"双刃剑"，就看你用的是"哪一刃"。它之所以能让学生成瘾因为它有吸引力，所以合理借力这把"双刃剑"，用"堵不如疏"的思路让其变成一股助推力。所以，教会学生如何健康文明上网显得尤为重要，我们可以研究学生的兴趣点在哪里，结合着课堂所学，引导他们开展一些有意思又有意义的上网活动。

百宝箱

面对网络这把"双刃剑"，教师如何合理利用网络平台，成为一个亟待探讨的话题。

一、定公约，网络使用有规则

班主任要引导学生制定网络使用公约。我们可以从"上网时间，上网内容，什么情况下可以被奖励，什么情况下会被暂时取消上网的惩罚"等方面，与学生共同商讨制定网络使用的公约内容。制定公约和对公约的严格执行能强化学生的规则意识，用好习惯取代坏习惯，逐步提高学生的自我控制能力。

二、善学习，助力管理巧使用

身处信息化时代的我们，教学受到了丰富多样的媒体的支持，教与学也有了更多的选择。因此，班主任要提升自身信息素养，掌握技能，创新教育方式。比如可以借助"问卷星"搜集家长、学生相关资料，提供基础分析。使用"思维导图"梳理知识体系，指导学生系统化学习。

三、借网络，校外联系不间断

借助网络这个平台，教师如何在寒暑假期间保持与学生的紧密联系？我们第一个想到的可能就是微信群。微信群可以用，但不能成为学生随意发表情包的地方，这样的闲聊只会浪费时间和精力。那么教师如何引导学生做有意义的事呢？比如，在微信群里"读书打卡"的做法就可以形成一个学习的良性循环氛围，不用老师多做评价，大家对彼此的表现也都可以一目了然。我们也可以建立班级微博，设立一些学生喜闻乐见的话题或让学生运用小小日记的形式诉说他们寒暑假的生活。通过彼此间的分享，生生之间加深彼此了解的同时，还能提升学生写作能力，也便于白天不在家的家长及时了解学生的思想动态。

四、借网络，整合资源提能力

借助网络这个平台，教会学生上网查找资料，整合资源，给学生布置有意义的校外上网作业，提升他们正确上网的能力。时下，抖音、小红书等 App 对于学生来说也不再陌生。我们也可以借此"造势"，争当"旅游博主""美食达人"。这么做的主要目的在于引导学生正确、健康、文明上网。

比如说，疫情之下的寒暑假旅游难免被搁置。教师可以倡导学生"上网去旅行"，先组织学生学习相关主题课程。课后，学生通过查询资料，结合自己的旅行实感整理成景点攻略，挑选能说会道的学生做导游介绍景点，拍成视频或者制作成旅行手册作为活动的成果。

我们还可以以季节开展主题活动，比如说“我眼中的金色秋天”，教师可以组织学生从“秋天的景色”“秋天的果实”“秋天的气候”等做一个“秋天”的介绍，将搜罗到的方方面面的资料规整制作出相关的视频。或与“旅行”主题相契合，“某个城市的秋天”，每个组都制作某一个城市的秋天，那么“某地的秋天”就成了一个系列。这样的成果展示出来，学生不但上网能力得到提升，思维也得到训练，看问题的角度也会更多元，有效拓宽他们知识的深度和广度。

智慧树

上网去旅行

一、活动目标

1. 小组合作，查找整合旅游景点资料，写讲解词，讲解拍摄制作视频。
2. 通过活动实践，感受合理利用网络资源的乐趣和意义。

二、活动过程

（一）你我话上网

1. 激趣导入

同学们，网络已不再是一个陌生的词语，如今，它也已经进入了我们的校园，进入了我们的教室，给我们的学习带来了许多的帮助。网上资料丰富，借助网络，我们可以做许多有意思又有意义的事情。在你眼里，在网上做哪些事情是有意义又有意思的呢？

2. 交流探讨

学生交流：他们眼中上网可以做的有意义的事，或以前上网做过什么有意义的事情。

教师及时进行评价。

小结：听了大家的交流，我们又一次感受到上网乐趣无穷。暑假就要到来了，可是疫情之下，我们还不能放心地去祖国的大好河山游玩一番，今天老师就带着你们一起上网去旅行。

（二）上网去旅行

1. 明确目标

同学们要做一个小小导游，请选择自己曾经旅游过的景点，上网查询相关资料，比如与景点相关的历史文化，当地名人等，再结合自己旅游时的所见所闻，将这些资料整合起来，写好讲解词，做成视频，发布在网上。

2. 小组分工

这项活动按计划完成并发布上网的话，或许会得到许多网友的热情点赞和关注，有可能就会成为网络上大家争相转载的视频，想想就非常有意思。但是，这项活动靠一个人的力量肯定是不行的，所以老师请大家小组合作，分工合作。同学们可以自由选择组员，但是分工一定要明确，有的负责收集资料，有的负责资料分类和整合，找一个善于表达的学生负责写讲解词，做小小讲解员，有的负责拍摄讲解视频，视频的后期制作也可以求助有这方面专业能力的父母帮忙剪辑美化，视频里必须加入每一个参与过的成员名字。

3. 上网实践

学生们分工合作，查找整合资源、制作 PPT、配备讲解词、拍摄成视频传到网上。

4. 留言欣赏

经过大家这一段时间的努力和付出，每个小组都交出了令自己满意的答卷，现在就让我们一起欣赏大家用心血和汗水付出的结晶，并在留言区写上你最欣赏这个作品的地方，转发朋友圈为我们的作品加油助威，让更多的网友都能欣赏到我们的成果。

（三）上网有口诀

同学们，网络世界非常精彩。上网时，要牢记内容是否健康，时间是否适当，并要学会自制。如果你能努力做到这些，一定能在网络时空里健康遨游，收获多多。

练兵站

“无法平衡网络这把双刃剑，怎么办？”请根据所教学生的情况，结合班级学生特点，培养学生健康文明的上网习惯，设计一份相关的实施方案。

作者简介

陈丹华，上海市浦东新区锦绣小学，曾获浦东新区“教学从这里起步——教师教学基本功邀请赛”二等奖，区“温馨教室”叙事故事演讲比赛三等奖等。

学生心理状态起起伏伏，怎么办？

——以“心育”促进学生健康成长

徐澄怡

学生到了小学五年级，在心理、生理上都发生着微妙的变化，学生的学习状态、个人情绪等也随之发生些许改变：有积极的、充满正能量的改变，也有负面的、消极的变化。一些发生负面的、消极改变的学生有可能会产生心理低潮期。心理低潮期，顾名思义，就是周期性的状态不佳，心情低落，生理和心理都处于调整的状态。面对小学五年级学生情绪不稳定了，该怎么办呢？

小剧场

五年级某班，有一个好动的学生——小甲。他长得瘦小，好动爱讲话，还随地扔垃圾，上课的时候总管不住自己的手，低头玩弄文具书本，还违反课堂纪律，影响了其他同学的听课，也影响了任课老师的教学。他还动不动就发脾气、闹情绪。老师利用课余找他谈话，而他总是口头答应改，但转身又旧病复发。老师与其家长也多次沟通，但效果不佳。

探照灯

当学生出现情绪不稳定的状况时，必定事出有因。

一、生理心理因素

学生毕业在即，随着学业难度、知识内容、升学压力的增加，学生可能会出现学习态度不端正、心浮气躁等现象。同时，正处于青春期萌芽状态的学生在某些心理作用下，会故意制造点动静以引起别人的注意。自然，他们在情绪管理上就会出现不稳定的情况。

二、家庭教育因素

五年级学生出现这些问题，跟不恰当的家庭教育也有直接关系。现在国家重视优生优育，每个家庭更是视自己的孩子为掌上明珠。从小就以自我中心，缺乏责任意识和感恩意识，在孩子成长的过程中，由于家长的过度保护，孩子没有经历过挫折，缺少承受压力的能力，情绪不稳定甚至崩溃也是常有的。

知识库

一、一颗“定时炸弹”

五年级是学生负面情绪的突发期，就如一颗“定时炸弹”，因此，更要引导学生正确面对，珍惜这一特殊、宝贵又美好的人生阶段。现如今，学生的自我意识越来越早地被唤醒，这时的学生强烈需要被尊重与被认可。而许多家长可能因为惯性思维没能帮孩子正确地自我定位。结果就会导致这一特殊时期的孩子经常会因为得不到尊重和理解，而在情绪、行为上故意与他人、外界作对。

二、一种“厌厌模式”

进入五年级，学习难度不断加大，部分学生可能会有力不从心之感，加之游戏、娱乐等诱惑，又遇上了人生中的第一个自我觉醒时期的到来，他们其实并不能很好地管理与控制自己的情绪。如果老师和家长不理解学生，再加上语言、行为上的不妥，就会刺激到学生内心那片脆弱敏感地带，只会让学生产生更强烈的厌学甚至厌世情绪。

百宝箱

五年级学生出现情绪不稳定的情况，班主任可以试着从多种角度去思考与解决。

一、闪出信心

那些在学习、思想、行为、情绪等方面存在一定偏差的学生，往往被忽视、被冷落。可是，这也正是学生最需要被关心的时候。班主任若能捕捉这些学生的闪光点，并适时加以鼓励，那么每个学生都会发出属于自己的光芒。让所有学生将自己发现同伴的优点记录、绘画下来，让更多的人看到这些平时被忽视了的闪光点。同时，也能让情绪不稳定的学生找到真正的自己，原来自己并不是一无是处，原来也可以是优秀的好孩子！这样学生才会体会到进步的高兴和成功的喜悦，进而充满希望和信心，走出自己内心的低潮期。

二、走进内心

对于处于低潮期的学生内心非常敏感，处在一种既希望外界肯定又自我封闭的矛盾状态中。若要真正帮助和引导学生，必须要走进他们的内心。班主任在平时的工作中一定要时刻注意学生学习和心理的变化，及时给予心理辅导，消除学生的心理压力，让学生渐渐褪去束缚、卸下防备、敞开心扉，让心灵产生共鸣，触动学生的内心世界，通过内因的作用渐渐让学生从低潮期走出来。

三、家庭关心

家校合作，产生合力，班主任应适时指导家长做到以下几点，才能有效地消除孩子的消极情绪。

（一）充分地共情

共情是一剂良药。有时，孩子情绪低落、不稳定时，听不进任何命令式的语言。相反，可能一次平静的促膝长谈，一个简单而又温暖的拥抱就能化解孩子低落的情绪。也可以用充满理智与温情的写信方式来交流，感受他的感受，再给予鼓励。从而使其内心得到温暖的爱意，有了更多的甜味进入他的内心后，他整个人也就会由内而外地充满甜蜜的幸福，自然就会将负面情绪抛之脑后。

（二）正能量语言

对于孩子来说，一个甜蜜的包容和一句苦苦的责骂可能直接引出两种不同的结果：一种更好，一种则更糟！真正的鼓励往往是孩子能持续正确的行为和习惯的内在动力源泉。一句发自内心的甜甜的赞美让孩子感受到的是被关爱、被认可、被肯定、被尊重、被看见。其实，给予别人甜甜的味道其实并不难。

当孩子在校表现不是很理想时，当孩子做错事时，当孩子郁郁寡欢时，家长把心中那股不问青红皂白一顿数落和批评的冲动和念头先放一放，不如把它换成“你看起来没有以前那么高兴，来，说出来，让我来帮助你。”“没事，爸爸妈妈小时候也像你这样，在一次一次跌倒后又爬起来中成长的。”这样的激励正是每一个孩子所希望听到和感受到的。因为孩子更在乎的是被父母、师长充分地看见、肯定及认可。

（三）情绪可视化

有时，孩子会表现出悲伤或其他负面情绪，父母一定要及时发现孩子的情绪变化，并正确引导、积极鼓励孩子要勇敢地直面自己负面的情绪。家长还可以做个有心人，将大部分的情绪用平时生活中常见的物品来代替。比如，当经历伤心难过的情绪时，可以给他一块巧克力帮助他化解。再如，当经历生气愤怒的情绪时，可以给他一个小小的气球，让他将所有的不愉快都吹进这个气球中。又如：用牙签来挑出别人的优点，剔除自己的缺点；笑脸贴纸提醒自己请时刻保持微笑等。这样，情绪得到了排遣、释放的同时，也教会了孩子如何正确对待自己的负面情绪。

（四）转移注意力

一个人长期处于负面情绪，往往会深陷其中无法自拔。此时，家长可以想办法让孩子转移注意力，可以通过班级家委会在周末进行一次亲子活动。生活中的教育让人不断寻找到属于自己的那一份简单的快乐与美好。因此，亲子活动不仅能增进学生之间的友谊，还能让身处情绪低潮期的孩子暂时忘却了负面情绪，参与到快乐的活动之中，活跃身心的同时又寓教于乐。

智慧树

我要稳稳的情绪

——五年级6班情绪管理主题教育微课

一、活动目的

1. **了解情绪：**知道有哪些情绪，了解基本情绪的作用。
2. **感受情绪：**在活动中感受自己及他人的情绪变化和所带来的影响。
3. **控制情绪：**知道情绪稳定的好处，学会控制情绪的方法。

二、活动过程

（一）创设情境，情绪小人先登场

1. 播放电影《头脑特工队》中片断，出示2名情绪小人：怒怒、厌厌，创设情境。
2. 情绪小人分别用自己相应的情绪来作自我介绍，既有特点又令人觉得很奇怪。
3. 学生认识了解2名情绪小人并交流平时自己身体里是否也住着他们。

（二）游戏互动，管理情绪我能行

1. 感受情绪，来找茬

（1）感受怒怒的情绪，出示PPT情境：

校园里，怒怒被同学不小心绊了一跤，没等对方开口道歉，也没把事实弄清楚，怒怒就指着对方大吼大叫。

放学回家路上，怒怒遇到了堵车，没等几秒，他就大发脾气，不停地按喇叭，嘴里不停地说着难听的话。

回到家，怒怒见妈妈准备了一桌菜肴，满心期待地坐下准备吃饭，可是发现桌上没有自己喜欢吃的菜，于是，火冒三丈，对着妈妈大声抱怨，走进自己房间不吃了。

（2）学生交流分享，帮助怒怒解决问题。

（3）学生感受厌厌的情绪，现场情景剧。请学生小组合作，根据剧本分配角

色，共同当场完成情景剧，体会厌厌的情绪。

(4)学生交流分享，帮助厌厌解决问题。

2. 夸夸情绪，好处多

(1)生活中，如果都是怒怒和厌厌，那将会是一幅怎样的景象呢?

(2)联系生活实际，学生夸夸好情绪的正能量作用。

(3)举手投票自己最喜欢的情绪。

3. 控制情绪，连连看

(1)播放情绪管理相关视频。

(2)学生找到情绪及相应的控制方法后，将其连起来。

(3)讲解情绪管理卡片，将自己 21 天的情绪管理记录在卡片上，怒怒、厌厌情绪减少或不出现的给自己一个小小的奖励措施，并坚持稳定的情绪。

(4)情绪转化器，出示老师的 12 样见面礼，并告知学生两样物品对应的情绪管理语言。

气球：当你生气的时候，请把你所有的气都吐给它；

巧克力：当你沮丧时，它会让你舒服些；

橡皮：每个人都会犯错，没关系，大不了从头再来；

创可贴：用它来恢复别人和你受伤的感情；

笑脸贴纸：请时刻保持你的微笑；

圆形防蚊圈：时刻记住，你是班级和你家庭中不可缺少也不可替代的一部分，你很特殊，你很重要。

(5)评选班级中的“情绪管理之星”。

(6)播放改编音乐《我要稳稳的情绪》。

(三)总结

稳定的情绪管理是五年级学生意识、感受、控制自己情绪的一次人生必修课。每个人都会有这样一个难忘又特殊的经历。通过这次微课，学生们不仅知道了不稳定的情绪一般都会和负面情绪有联系，还感受到了当情绪不稳定时，对自己和别人都不利，进一步了解了管理控制自己的情绪，保持稳定情绪的方法。这样，微课的效果也就达到了。能控制好自己情绪的人，比能拿下一座城池的将军更伟大。只要老师、家长及时发现学生那些不容易发现的不稳定的情绪波动，并合理有效地进行引导，孩子就能顺利走出自己的情绪三角区。

练兵站

一个班级，往往就像一棵巨大的苹果树，学生就像是树上的一个个果实。大部分结出的是又大又红又甜的苹果，但总会有一两个不太令人满意的果子。而老师作为新时代的教育者，要做的就是更加坚定地用爱的雨露滋润他们，静静地看他们再次枝繁叶茂，开花结果，迎接崭新的自己。

请和小伙伴们开展一场专题讨论，梳理出不同年段学生的心理特点，选择一到两个共性问题，一起找出解决问题的有效策略。

作者简介

徐澄怡，上海市实验学校东校，曾获浦东新区十佳班主任称号，区"抗疫最佳志愿者"称号；所带中队曾获浦东新区优秀中队称号。2021 年加入上海市谈冰班主任工作室，参与"基于班级自主发展的劳动养成教育"的研究项目。

学生缺少职业发展意识，怎么办？

——以“规划”引领学生生涯发展

林炜鸽

随着时代发展，各种新兴职业层出不穷，对应的宣传也日益增多。面对这些新变化，学生对自我的认知、学习的规划、职业的发展也产生了一定的困惑。那么班主任该怎么适时、有效地引导，帮助学生建立正确的观念呢？本文立足于学生的个性，结合学校课程，协调家校共力，以班级活动为载体，制定导向性的实施方案。

进入三年级以来，同学们对于电子游戏、手机游戏的兴趣日益增强。尤其是随着电子竞技在社会的宣传强度越来越高，学生们越来越羡慕以打游戏为职业的选手，俗称“电竞选手”。

课堂中，出现了学生不专心听讲，在纸上画图，设计游戏人物并广泛传阅；课间，模仿游戏中人物的对话，你一言我一语，回忆甚至是改编游戏情节；午休时，以模仿游戏人物动作为乐。询问志向，许多男生直言想成为电竞选手。

作为班主任，该如何顺应时代发展，对学生进行前瞻性的“生涯教育”指导呢？

探照灯

究竟是什么造成了学生上课不专注，沉浸游戏环境呢？

一、学生自我认知和规划的模糊

任何一个职业的成功，离不开知识的积累和刻苦的训练。没有在适当时期努力的学习，养成正确的价值观，提升学习能力，是无法顺应时代发展，完成职业选择的。没有充分的知识习得和技能准备，是无法胜任任何技能类的职业的。学生应当对“游戏相关职业”有一个清晰的认知，其所需要的心理、体力、智力、能力都需要长期的学习来承托和成就。在目前的小学阶段，由于学生缺乏职业体验，学习之余游戏成了唯一的乐趣，造成了学生对自我认知和规划的模糊，以为只要游戏打得好，将来就能成电竞选手，狭隘地认为这是一件很酷的事。

二、班级和学校职业发展的引导待加强

由于新兴的电竞职业具备高传播性、高讨论度，兼具符合兴趣投向，因此学生对其和手机游戏充满兴趣，并以此为自己的职业发展方向，这是一种自我萌发的生涯规划。粗暴地全面否定，不可取。我们应当在班级中确立初步的引导方向，帮助学生对电竞职业有一个完整而全面的认知，明了其背后蕴藏的知识习得和精力投入，明确知晓要投身这一行业，也需要持续的付出和学习。同时，结合学校课程，来完善学生的认知和职业选择。

三、家校结合的“生涯教育”的缺失

学生由于年龄较小，对于自我的认知、学习的规划、职业的选择是比较不全面的，管中窥豹：片面认知玩游戏既开心又可为正式职业，何不投身其中，缺乏对这一职业的技能准备和投身门槛的认识。家长们对学生醉心于游戏，上课不专心的情况，基本是全面扼杀和猛烈批评：不务正业，不踏实学习，分散精力、不知所为。我们应当深层次地思考问题，更加紧密地结合学校和家庭，共同完成“生涯教育”的议题，双向合力，教育和引导学生建立正确的价值观。

知识库

一、两大根源

认识自我，再借由清晰的自我认知选定生涯规划是“职业教育”的两个根源。两者相辅相成，共同推动着学生个人的清晰定位。自我认知，是学生明白该时期最该投注的精力的方面在哪里；职业规划，是在自我认知的基础上，选定职业目标，并学习相应的知识以完成职业技能积累。

教师需在校正面、积极地引导学生先全面地认知自我，不可片面只看到电子竞技和游戏的娱乐有趣，而认识不到要想达到顶尖，必将付出前期艰辛的准备，完成知识积累。在现今阶段，学生需要学习方能夯实能力基础，才能实现职业目标。

二、一种载体

班主任需在校帮助学生完成自我认识和完善生涯规划后，予以一定的职业建议和完善。以一个学年为单位，班级内设立职业实践目标，配合学校特色课程，完成实践经验的积累。以此为一个载体，让学生在一学年中围绕自己的兴趣和目标，展开知识的学习和积累。无论生涯目标是电子竞技还是漫画师，都能将目光投诸技能习得而不是单纯的游戏玩耍。

三、两股合力

在学生认识自我、合理职业规划的基础上，班主任应注意学校和家庭的互动和联系。班级中创立的“生涯规划目标”，可以和家长沟通，让学生在家庭中也进行实践。根据自我兴趣，选择课余的学习内容。

比如对游戏台词有兴趣，课余选择舞台表演课作为知识积累；对精美的游戏人物有兴趣，课余选择简笔画等作为知识积累；对有趣的游戏情节有兴趣，课余选择剧本写作作为知识积累。

这样，学校和家庭更加紧密地结合，共同完成“生涯教育”的议题，双向合力，教育和引导学生建立正确的价值观，从而做出正确的职业规划。

百宝箱

古人曾言：“百丈高楼千丈基，基深楼高立天地。”要想利用好学生的兴趣，打好学生知识基础，就要见微知著，从微小处入手，一步一步夯实实践基础。

一、师，明目标与确方向

开学之初，以班级为单位。班主任老师借由少先队活动课为载体，以“你的生涯目标是什么”为题，学生们展开谈论。

班主任老师要把关好方向和框架，以“生涯目标”作为核心，学生们思考填充需要做到的知识准备，并在表格内记录下来，这样的方式让学生们充分明白，有职业目标是好事，但不可只关注于电游，而要把这种对游戏职业的羡慕和憧憬，转化为相应的知识积累。

也可以在表格内，写下自己需要的帮助和额外的辅导，老师们以个人的帮助、学校特色的社会课程、家庭的帮助，来助力学生实现个人理想。

二、校，指引与习得

首先，在明白了学生的诉求之后，班主任根据每个同学的不同情况进行个性化的谈话，给出个性化的定制学习方向。

根据职业目标，告知学生该职业应该具备的各种能力，指出一个关键核心：任何人物的成功，都离不开刻苦的努力。我们应当在正确的时间，做正确的事，先积累能力，在合适的时机厚积而薄发。

根据学生在学校的学习情况，告诉他：任何事情做到顶尖，都需要极致的专注力。如果像目前这样上课走神是达不成最终目标的。以此让课堂回归正常，推动学生学习更加自觉。

根据学生的诉求，给出自己在选课上的建议。本校的课外活动课丰富，对于学生全面能力的培养是一大裨益。因此，班主任可以结合学校的课程和学生的诉求，指明学生选课方向。如：编程，选择学校的乐高或者 STEM 课程。询问学生想法，在家庭教育和课余学习中是否有课程可以为生涯目标提供知识积累。提出自己的综合意见，由班主任联系家长，进行初步的沟通和反馈，形成初步的家校联系和结合。

三、家，兴趣与自我选择

在校完成针对职业目标的选择和学习之后，由学生拿着目标单，向爸爸妈妈提出自己在课余的学习目标和具体的学习举措。并不是玩物丧志，而是有具体的努力方向和学习内容，也能因为兴趣，更切实地学习到多方面的知识和能力。

想必家长们也更容易接受学生们因兴趣而选择的课余学习内容，学生们也会因为兴趣而迸发更加积极的参与热情。与此同时，学生们要注意收获和作品的留存和收集，为学年末的回顾和总结做好准备。

四、家与校，两开花

班主任要随时跟进和关注到学生的学习、生活状态。我们可以增加和学生、家长沟通的频率，了解在课余时间内学生是如何根据生涯选择目标来学习的，学习效果又是如何的。也要和任课老师沟通，了解学生在校针对职业的教育又有怎么样的效果。结合两者情况，进行及时的介入和调整。实现家校的联动，实现教育效果的最大化。

智慧树

我想成为怎样的人

——三年级3班"职业选择"主题班会

一、活动目的

1. 初步确立自己的"职业生涯目标"。

2. 思考怎样选择学校的特色课程和课余兴趣课程来实现自己的"职业生涯目标"。

3. 达成个人目标，需要前期准备和付出相应努力。

二、活动过程

（一）明目标

1. 我想成为怎样的人

同学们畅所欲言，在少先队活动课上，说出自己的职业目标，并阐述自己这样选择的原因。同学们纷纷发言，电竞选手、声优成了高频词，学生们选择的都是时下最热门，也最受学生追捧的职业。学生完成表格第一部分。

你的目标（2021.2）	
1. 成为一个电竞选手	2. 成为一个动画大师
3. 为游戏人物设计台词	

2. 观看视频、探讨问题

以电竞选手为例子，播放相关的采访片段。引导学生思考，由学生本人或班干部汇总思考：是否这些职业都像表面上看起来这么容易。

学生们展开热烈的讨论，发现电竞选手也要天赋，也需要宵衣旰食地训练和学习，且淘汰率非常高，腱鞘炎成为高发的职业病。由此，学生总结出：这些看起来轻松的职业，也要付出巨大的努力和大量的训练，没有知识也无法站在职业的顶尖。

3. 三省吾身

引导学生以小队为单位开展“反思自我”的探讨，学生们根据老师和自己的思考总结。反思在学校生活中，自己存在着的一些问题：注意力不集中；上课传纸条；只羡慕选手以电竞为职业，却忽略背后的艰苦训练等。通过反思，学生们明白了自身存在的问题，也萌发了更加强烈的想要学习相应技能、提升自己能力、向“职业目标”前进的心愿。

（二）巧求助

1. 老师帮帮忙

老师在黑板上，出示本校特色的330课程名目。学生们以小组为单位，展开了“我该选什么”的议题，同学们热情谈论和思考：在学校中，什么样的课程可以帮助自己提升能力，对“职业目标”起到积累的作用。

在学生谈论之后，以小组为单位，完成表格第二部分，老师在巡视过程中给出自己的建议，帮助学生选择比较合适的课程。

老师来帮你	
1. 和老师一起看选手访谈，了解选手需要什么知识储备	2. 建议参加社团课程（STEM）
3. 建议参加330课程（编程）	4. 建议参加社团课程（视听文学欣赏）
5. 和老师一起读名著，记录精彩台词，设计自己的游戏人物和台词	

2. **爸爸妈妈帮帮忙**

学生在校思考和明确“职业目标”努力方向之后，引导学生思考：在课余时间，你最想选择什么课程来帮助你实现职业目标呢？学生以小组为单位展开了谈论，集思广益，大家一起互相出主意、给建议。

学生带回表格，征询爸爸妈妈对于“职业选择”的意见，针对自己的“职业目标”调整自己兴趣课程，从多个方面来填充知识、弥补缺失，并完成表格第三部分。

爸爸妈妈来帮你	
1. 课余想要学习乐高课	2. 课余想要学习动漫绘画
3. 课余想要进行剧本和台词训练	4. 课余想要投身以上事情，减少一点其余负担

（三）及时跟进

为了使“职业教育”更加有效也更加有持续性，我们采取及时跟进和学年末总结反馈来提升效率。

1. **学校课堂和课程跟进**

班主任老师和任课老师及时沟通，确认学生是否在明确职业目标后，在课堂表现上有所提升；班主任老师和330特色课程老师进行沟通，了解在针对性课程中学生的技能习得情况如何。

2. **学生情况跟进**

班主任老师和学生进行规律性的沟通，了解学生在一段时间的实践之后的感想。对学生可能出现的疑问和任课老师反馈的问题，进行疏导和沟通。也做好学生情况的记录。

3. 家庭情况跟进

学生选择的"职业目标"各有不同，决定了课余课程的不同。针对这一情况，班主任老师和学生家长进行规律性的沟通。了解学生自主选择课程之后，在课程之中的表现和学习效果。以此，和学校课堂的表现两相印证，以做好跟踪记录。

（四）总结反馈

学年末，学生们根据一年围绕"职业目标"所展开的努力，完成表格第四部分。并由本人来总结一年的学习成果，介绍自己在一学年中付出的努力和受到的启发。

我的收获（2021. 9）	
1. 我学会了乐高	2. 我会画动漫人物了
3. 我设计了自己的故事情节和人物台词了	

三、活动成效

"我想成为怎样的人"是由学生为主题，家校联合操作和实践的一个活动。以一节少先队活动课为契机，以学生们的"职业生涯规划"为载体，在一个学年的时间里，去调整学习态度、明确学习目标、实践知识技能。在一个学年之后，学生们都认识到了那些看起来表面光鲜亮丽、轻松无比的工作背后，都需要付出巨大的努力。在明确了发展目标之后，还需要不断学习相应的知识，提升自己的能力，实现自己的目标。由此，课堂上的投入程度大幅提升，学校特色课程的上课效率大大提高，对于课余课程的参与热情也极大增长。

练兵站

学生告知家长、班主任，非常羡慕电竞选手的光鲜亮丽，也非常喜欢电竞选手可以把玩游戏作为自己的职业，由此再也不想在学校里按部就班、踏踏实实地学习。作为班主任的你，该怎么和学生共情，和学生家长沟通。怎么让学生明白无论以后从事何种职业都需要学习和积累，想成为优秀的电竞选手也需要大量的知识储备和坚持努力。尝试构思和学生、家长的沟通情境，设计一份以“职业教育”为主题的活动方案。

作者简介

林炜鸽，上海市浦东新区锦绣小学，曾获浦东新区“班主任基本功之劳动教育录像课”三等奖，浦东新区“班主任基本功之代入式情境案例分析”三等奖。

“温馨教室”建设没有创意，怎么办？

——让“时尚”助推班级文化

张 薇

“温馨教室”建设是班主任工作中的重要一环，也是班集体文化的体现。温馨的教室布置，不但能营造良好的班级氛围，而且有助于学生更加愉悦地投入校园生活。本文以富有时尚创意的教室布置作为主要内容，以学生为本，立足学生的生活实际，以班、队活动为载体，创建充满人文关怀的温馨大集体。

小剧场

又到了“温馨教室”的布置环节了。王老师冥思苦想，这次该怎么来布置班级教室呢？之前墙面布置中的“学习园地”已经展示过了，“名言警句”版面似乎没有什么新意，“心愿墙”是不是又该换一换呢？每次都是按照老师的思路来布置，学生们是否有一些自己的想法呢？如果在班级中展开一次讨论，让学生畅所欲言，将大家的思维碰撞，是不是就能产生不一样的效果呢？将学生的想法融入班级建设中，会不会对班级文化的形成帮助更大呢？每到这时，王老师都会产生这样的疑惑。

每次的“温馨教室”布置都是班主任们必不可少的工作任务，那该如何创建出有创意又时尚的“温馨教室”呢？

探照灯

是什么让王老师每次的“温馨教室”布置都充满疑惑呢？

一、教师缺乏“人文关怀”

许多教师往往会站在自己的角度，却没有考虑到师生之间平等、民主、和谐的关系。在建设“温馨教室”的过程中，教师无法关注到学生真正的需求，无法站在学生的角度思考问题，“温馨教室”的布置就无法走进学生的内心，班级文化就无法创建。

二、学生缺乏“主体性”

学生是班级的主人。“温馨教室”的建设是一项实践性很强的教育活动。对班主任来说，既要起到指导引领作用，又要发挥出学生的主体作用。在创建“温馨教室”的过程中，将学生的创意以及他们的个人作品展示出来，既唤醒了他们的主体意识，又增加了才干，使学生真正成为班级的小主人，同时也让学生获得自信。

三、师生缺乏“互动性”

“温馨教室”的建设是一项充满艺术性、创造性的教育实践活动。仅靠教师的力量是远远不够的。教师需要在班级里开设多种“温馨教室”献计献策的活动，促使师生之间沟通，交流互相的想法。之后，在师生共同的努力下，将集体的智慧展现在“温馨教室”的创建中。

知识库

一、一大“秘诀”

完善班级管理制度是创建“温馨教室”的一大“秘诀”。良好的班级管理制度是形成班级文化的前提，师生有共同的目标，制定出适合学生个体全面发展以及突出个性的班级制度。师生共同遵守，在此基础上，逐步形成良好的班级氛围，为"温馨教室"的建设打下坚实的基础。只有创设和谐的班级氛围，才能营造"温馨教室"，才能让班级特色呈现在教室中去。

二、两种"灵丹妙药"

师生间民主、和谐的关系是创建"温馨教室"的两种"灵丹妙药"。"民主"指的是教师需要站在学生的角度思考问题，教师应多倾听学生的心声，多征求学生的意见，给予学生参与管理班级事务的机会。"和谐"则是在创建"温馨教室"的过程中，发现学生的进步，肯定他们的智慧，鼓励他们的创意。这样一来，就能在班级中形成民主、和谐的师生关系。以学生的思考出发，结合学生的想法，完成"温馨教室"的创设。

三、三条"锦囊妙计"

把握好学生的主体性、师生间的互动性、校园环境的人文性是营造"温馨教室"的三条"锦囊妙计"。主动的学生，会激发出无限创意；和谐师生间的互动，可最大程度地促进交流；充满人文气息的校园环境，可以陶冶学生的情操。这三者有效结合、互相促进，能进一步助推班级文化的形成。

百宝箱

要想建设出时尚有创意的"温馨教室"，关键在于用对方法。在这里，为大家提供一些班级建设的方法，给大家的实践支支招。

一、"班级制度"人人定

完善的班级管理制度是建设"温馨教室"的重要保障。班主任在制定班级制度前，可以利用班队会的机会，让班级同学共同来讨论制定，使班级制度更完善。学生共同制定出的规则，往往更符合学生的实际情况，使他们更有认同感。其次，要注重发挥小干部的榜样作用，使学生在制度中学会互相帮助、互相进步的班级氛围。

二、“民主氛围”激创意

每到“温馨教室”的布置环节，教师可召开一次“温馨教室创意大集合”的主题班会，让学生畅所欲言，将他们富有创意的想法运用到班级创建中，再经过师生的精心布置，形成富有创意、时尚的“温馨教室”。通过交流、分享、实践的方式，激发学生的潜能，增添班级小主人的幸福感。学生亲手布置，尽情展现所思所想，将教室作为他们泼洒情感的舞台，这样能充分激发学生的主观能动性。

三、“人文关怀”来营造

班级的人文关怀可以体现在每一个小细节中。比如：在班级里放置一个“爱心箱”，里面准备几件雨衣、几包口罩、几包纸巾、几个一次性水杯等。为班级中忘带物品的学生提供方便。学生在借用完之后，会主动及时归还，或者主动增添新的物品，展现出了“与人方便，于己方便”的文明新风尚。久而久之，班级内部就形成了积极向上的班级人文氛围，有利于“温馨教室”的建设。

四、“班级四角”大变身

在“温馨教室”的建设中，班级的四角：生物角、图书角、劳动角、壁报角，一般都是需要布置的。那如何把它们布置得更温馨和时尚呢？

生物角：为绿植的花盆贴上学生的绘画作品，或者自制植物保护套等。小鱼、小蝌蚪这类的小生物，除了课间观察之外，还可以贴上“观察日记”。在班级中组成一个“生物小队”，让学生自己负责浇花、培育、换水等，既锻炼了他们的能力，又形成了班级特色。

图书角：可将学生平时写的读后感，粘贴于班级图书角中，供大家学习，这也是一种对学生的鼓励和表彰。同时，可开展“读书漂流”活动，请学生担任读书管理员，负责记录和整理，逐步形成“爱阅读”的班级文化。

劳动角：劳动工具是我们的好朋友，那怎么将劳动工具变时尚呢？可以将班级中的“小科学家”们组织起来，自己动手改造劳动工具，使它们更实用、更牢固。在拖地时，使用一些带有淡淡香气的清洁剂，是不是能让班级地面更清新呢？班级氛围也会变得更温馨起来。

壁报角：设置几个贴近学生日常校园生活的版面吧！比如：《今日事今

日毕》《我是班级小主人》(学生岗位分工)、《一分耕耘，一分收获》《每月之星》等等，制作时可以利用环保材料，多集合学生的创意，使版面布置更温馨。

智慧树

爱护绿植共成长，温馨教室我来建

——三年级4班"温馨教室"创建主题活动

一、活动目的

1. 感受大自然的神奇魅力，明白"保护绿植，人人有责"的道理。

2. 在"护绿行动"中，培养学生人与自然和谐相处的意识，营造温馨、充满人文气息的班级文化氛围。

二、活动过程

（一）我的"地盘"我做主

1. 发现问题

我拍摄了班级生物角的图片，引导学生发现"绿植一直存活不了"的问题；通过德育课堂，激发学生思考，逐步找到"保护绿植"的好方法。

2. 探讨问题

引导班干部以"绿植美在哪里？""班级中的绿植对我们的班级环境和学习有哪些帮助？"两个主题，开展课堂讨论，提出"保护绿植"的方法。学生们有感而发，都认同了绿植在班级建设中的重要性，明确了保护绿植，人人有责，并愿意为保护绿植出一份力。

3. 解决问题

引导学生通过动手实践，制作"绿植花盆保护套"来保护班级植物。制作完成后，为绿植"穿上"保护套。并在一段时间内，以小组为单位，观察记录绿植保护套的使用情况，以及保护套对绿植生长的影响，提出改进措施。

（二）爱护绿植我行动

1. 认识花盆保护工具

班级学生自主收集有关绿植保护工具的图片和资料，在课堂上交流和展示，学习绿植保护工具的有关知识。最后，投票选出适合班级绿植的保护工具形式——花盆藤条保护套。

2. 学做花盆保护套

选出班级中几个心灵手巧的学生作为“小小编织能手”，以小组为单位，共同编织花盆藤条保护套。在这过程中，学生亲身实践，体会到了“保护绿植”的不易。

3. 为花盆穿上保护套

选出成功的编织作品，为班级中的绿植“穿”上保护套。并让每一个小组负责一盆绿植。

（三）观察记录促改进

为了更好地了解保护套是否对保护绿植真的有帮助，让学生以小组为单位，进行观察和记录。

“绿植花盆保护套”使用效果情况（打“√”）				
情况 时间	花盆牢固	漏水良好	生长有空间	美观时尚
第一周				
第二周				
第三周				
第四周				
改进建议：				

三、活动成效

“绿植花盆保护套”是班级学生共同参与制作的，在这过程中凝聚了他们的心血和努力，每个人都认真对待。同时，在一段时间的观察记录之后，学生们又发现了问题，从而去思考、实践，更好地解决了问题。这样的学习探究过程，既树立了他们保护绿植的意识，营造了充满人文气息的班级文化氛围，又锻炼了学生的思考问题和解决问题的能力。

练兵站

“班级图书角布置没有创意，吸引不了学生，怎么办？”请根据所教学生的学段情况，结合班级学生特点，设计一份“创意图书角”的实施方案。

作者简介

张薇，上海市浦东新区锦绣小学，曾获浦东新区第九届中小学班主任基本功大赛三等奖。获得“爱满天下”杯第十二届全国教师教育论文大赛三等奖，上海市小学语文教学优秀论文评比一等奖，小学语文教学观摩研讨活动论文评比二等奖。

遇到有“个性”的孩子，怎么办？

——让“个性”成就花样少年

凌洁敏

每个班级总会有几个“有个性”的学生，他们常常不按常理出牌，总是在纪律和规则边缘疯狂试探，让任课老师“咬牙切齿”，让班主任老师头疼不已。本文以一个案例为切入点，通过班级活动、家校联动等方式，强化共性行为，在合理范围内鼓励“个性”发展，使其成为学生成长过程中的助力。

小米，一个有个性的孩子。她很聪明，过目不忘；她学习积极，成绩优秀；但是，她不懂得如何与同龄人相处。她会嘲笑同学很笨，提出的问题很可笑；她在课堂上常常提出质疑，如果老师上课无法吸引她，就会自己做课外作业；她会样样争第一，如果老师表扬别人，她就会表现出独有的“米式嫉妒”，用种种小心眼、小伎俩来“报复”受到表扬的同学，拿走对方的某一样东西或者在对方本子上乱涂乱画……这样的她，让各科老师一提起就是一声叹息，也让我这个班主任颇为头疼。

相信班主任都遇到过各种类型的个性学生，每天斗智斗勇。那么如何正确引导他们，让“个性”助力其成长，成就其花样岁月呢？

探照灯

究竟是什么原因造成现在有"个性"的学生越来越多呢?

一、教师威信,让"个性"无处安放

学校是学生接受集体教育的场所,校纪校规是学生都必须遵守的基本准则,班主任的威信也在教育的过程中得到体现和巩固。而小学生由于年龄的特点,不懂得也不会掩饰自己的行为,且反复性较大,在这样的环境下学生更容易去试探校纪校规这条"基本线",个性在积压下造成一定程度的爆发。

二、家长忽视,让"个性"恣意生长

不少家长对"个性"的理解有误区,会以孩子"有个性""与众不同"而引以为傲,对孩子行为上出现没礼貌、违反规则等行为不及时加以阻止,久而久之,学生就会觉得自己的行为是被默许的,无形中使自己的"个性"与"集体"发生冲突。

三、社会舆论,对"个性"存在误读

数字化的社会,各类网络信息传递迅速,良莠不齐,其中不少人把"唯我独尊"当作"个性",其实这是对"个性"的误读,对涉世未深的青少年尤其有害。

知识库

一、正确解读"个性"

个性可称为性格或人格。著名心理专家郝滨先生认为:"个性可界定为个体思想、情绪、价值观、信念、感知、行为与态度之总称,它确定了我们如何审视自己以及周围的环境。它是不断进化和改变的,是人从降生开始,生活中所经历的一切总和。"简单来说,个性就是个体独有的并与其他个体区别开来的整体特性,即具有一定倾向性的、稳定的、本质的心理特征的总和,是一个人共性中所凸显出的一部分。因此我们可以理解为人人皆有"个性"。

二、理性对待“个性”

“个性”是个中性词。不要以活出个性来掩饰自己的缺点，也不要为维持所谓的个性而愤世嫉俗。我们对“个性”应有正向的引导，敢于表达自己独到见解、勇于展示自己的风采、拥有坚韧的品性和稳定的情绪、有解决问题的方法和策略等，这些“个性”才是值得提倡的。

三、合理发扬“个性”

当学生身处于集体之中时，需要遵守一定的行为规范。适当地追求个性和发扬个性，在合理的范围内给“个性”一个发展的空间，这样的“个性”才是适宜的、有益的。

百宝箱

对有个性的学生应该因材施教，如果用对方法，就可走进学生的内心。建议可以从以下几方面入手：

一、保留个性，强化共性

（一）提供一个平台，让个性飞扬

有“个性”的学生，一定是对某些事有自己独到的见解和想法，且内心深处希望获得认可和赏识。班主任要善于搭建平台，让个性学生的所长得到展示，抓住教育的契机。小米同学属于能量爆棚型，老师上课的内容无法满足她，加上与同学有矛盾，导致与她的内心期望与现实有落差。利用午会课或课前五分钟开设一个“小米讲堂”，请她自选主题，老师把关，每周一次5分钟的“表现”，使小米专注于选题、写稿、制作PPT，“个性”在这个平台得到了展示。

（二）设计一个角色，融入班群体

要让有“个性”的学生融入班集体，需要一个有别于“学生”身份的角色，对其平日的言行进行一定的约束，使其最大限度地融入班群体。小米同学的“小讲师”身份正是这样一个“紧箍咒”，让她不时审视自己的言行。同时，班内其他同学通过活动对小米有一个全新的认识，老师可以此为契机让小米带领同学们共同参与小讲堂，增加她与同伴互动的机会，更好地融入同龄人，同时使这个平台成为更多学生展示自我的舞台。

（三）制造一段回忆，找到归属感

个性十足的学生由于行为上的特立独行，接收到的一般是批评大于表扬的声音，容易心生怨愤，在集体中难以找到归属感。小米同学经过小讲堂的锻炼，老师推选她代表学校参加辩论比赛，从校赛到区赛，最后还上了电视总决赛，这段独一无二的经历，让老师和同学们都看到了她身上的光点，这一段回忆也让她对学校、班级产生了强烈的归属感。

二、家校沟通，直击症结

（一）“个性”观点重塑，做一个可爱的孩子

家长的行为对学生有着潜移默化的影响，“个性”学生往往会有“个性”家长，班主任及时并持续地与家长沟通，在沟通的过程中分析现状、提供方法、寻找合力，有助于帮助家长更全面地了解自己的孩子，调整自己家庭教育的方式方法，家校合作，更好地促进学生成长。

（二）规则必须遵守，做一个明理的孩子

班主任可以将自己对学生的了解以及策划的有针对性的活动与家长进行沟通，有必要时可以三方坐下协商，将孩子须遵守的规则告知，并制定适当的奖惩措施，校内校外要求一致，让学生明确规则必须遵守，寻求家庭助力，知理明理才是一个发展健全的学生。

（三）亲子需要经营，做一个温暖的孩子

“个性”学生多数存在亲子关系紧张的情况，或放任不管，或高压政策，或只关注成绩等，班主任应建议家长多花时间经营亲子关系，并提供有效的方法和策略，同时进行阶段性的反馈和沟通，帮助他成长为一个积极阳光的孩子。

智慧树

敞开心扉，让个性之花绽放

——一则关于“个性”教育的案例

【案例描述】

小C是我教过的学生中第一个在一年级就能独自坐公交车上学的孩子，他少言寡语，在老师面前柔顺听话，眼神中却透露出的超乎同龄人的成熟和世故。他的妈妈常用“我管不了我这个儿子了”这样的话来向我诉说。的确，这个孩子的个性比较要强，颇有“没有我搞不定的事情”的心态。

一次排练鼓乐队，他是演员之一，另一个组员跑过来说他的乐器不见了，前一秒还在眼前。于是老师上上下下到处寻找，毫无进展，有人透露“当时只有小C在场”，我看向了他，他眼神有跳跃，但稍纵即逝。经过一番寻找，约在15分钟后从讲台的大柜子里找出了被藏匿的乐器……

【问题归因】

究竟是什么原因导致小C这样针锋相对又有点小“暗黑”的性格呢？

1. 个人因素

刚入学的学生，起点各不相同，课堂上表现积极的学生都是有一定学前基础的孩子，这类孩子能更多地得到同伴们羡慕的目光，在平时的各类评选和比赛中也都会有较好的表现。小C入学基础几乎为零，又比较沉默寡言不善表现，但由于个性比较要强，绝不在同学面前表现出自己的短板，一旦觉得触到他的“痛点”就会反应过度。

2. 班级氛围

对于班级的教育导向，基本是以树榜样为主，学科学习和行规表现方面都设立了各种“小导师”“小明星”“小榜样”等，以此来调动学生的积极性，形成良性的竞争。但是小C同学可能没有一项是具有竞争力的，因此每每都会对各种奖项的评选嗤之以鼻，颇有点“吃不到葡萄说葡萄酸”的味道。

3. 家庭原因

通过家访了解到，小C的父母分散在两地，聚少离多，主要由妈妈负责照顾他。妈妈平时雷厉风行，对孩子要求严格、说一不二，爸爸则每次都是有求必应。在这样的家庭氛围下，小C学会了见风使舵，得逞了就沾沾自喜，即便没得逞，看到父母因此争吵还会暗自窃喜。

【实践支招】

为了帮助小C融入班级，我做了以下几方面的工作。

1. 循循善诱，尊重与接纳

小C心思细腻敏感，看上去对一切都无所谓，其实对老师和同学的看法非常在意。因此，一味地呵斥并没有效果，而是要循序渐进地走进其内心。利用平时课余时间主动找小C谈心，并指导他的功课，让他感受到老师对他的学习以及表现是非常关注的，也是真心想帮助他进步。站在他的立场上帮他分析，让他体会到被尊重、被爱护，帮助他敞开心扉，接纳老师和同学。

2. 全班助力，帮助与成长

引导小C在班集体中如何与同学友好相处，首先需要给他一个展示自己的舞台。恰逢学校组织劳动技能比赛，这可是小C的长处啊！从小相当独立的他，劳动技能可是杠杠的。于是全班同学全票通过他代表班级参赛，并在赛场上为他加油鼓劲，通过一系列整理书包、系鞋带、折衣服比赛，小C都获得了第一名。在这个过程中，小C感受到了集体的力量，找到了归属感。

3. 亲情投入，关怀与温暖

我和小C父母进行了一次深入对话，希望两人对孩子的教育和指导保持一致，爱孩子的心不能变。平时多留出一些时间给孩子，多和孩子谈心，及时了解孩子的所思所想。建议根据小C的实际情况，量身定制一份按周结算的表现表格，每周一次进行总结，家班双向反馈，及时了解孩子在班级及在家的各项表现，老师和家长给予相应的奖罚。

【思考提升】

“个性”存在于每个孩子身上，各不相同，但都是珍贵的礼物，作为班主任，要从学生的角度出发帮他分析问题，才能真正解决问题的症结，同时，家校合力，助力孩子的成长。

每个孩子都是牵着上帝的手来到这个世界，他的内心是纯良的，给他们内心一股正能量，相信他们会走得更好，更远。

练兵站

她是个很沉默安静的女生，可是个性中却有着不一样的倔强。同学之间一言不合就翻脸，别人无意的侵犯立马毫不客气回击，她随时都会像小刺猬一样竖起满身的刺。如果你遇到这样的孩子该如何应对呢?

作者简介

凌洁敏，上海市实验学校东校，浦东新区班主任中心组成员，参与区级重点课题“基于良好学习方式的‘M-LABS’心愿活动课程建设的研究”“‘寻美上海’中小学生主题研学旅行课程开发的行动研究”等，参与主题教育课系列丛书的编写工作。

遇到偶发事件措手不及，怎么办？

——让“危机”成为“转机”

瞿　帅

在班主任的教育管理工作中，偶发事件常让人措手不及。对一个新接班的班主任来说处理偶发事件更像是一场入门考试。处理的艺术，更直接反映了这个班主任的自身素质和工作能力。偶发事件得以妥善处理，既有利于教育当事学生，也可以此为契机教育全班同学，同时通过学生之口传递给家长正面信号：此班主任可信也！

自习课上，教室里一阵小骚动。一同学跑上来告诉接班不到一个月的班主任Q老师，最后一排的维维正坐在地上哭。Q老师放下手头工作到他跟前询问。维维手捂着鼻子抽泣，衣服上还有血印子。萌萌跳出来说出原委：刚要到讲台上交作业，路过维维座位时，维维把脚伸出来。萌萌从他脚上跳过，维维又伸手阻拦，还抱住了萌萌，两人扭打在一起。萌萌挣脱时不慎一拳打到了维维的鼻子，顿时血流了出来。维维说以前萌萌在他交本子时也不让他走，所以今天是以牙还牙。

维维妈是家长中出名的“扶弟魔”，但凡跟她儿子相关的事，她都会将小事放大。无论老师还是其他家长都对她惧而远之。刚接手这个班级的Q老师遇到这样一个棘手的事件，一时不敢先联系双方家长。究竟该怎么化“危机”为“转机”呢？

探照灯

究竟是什么让Q老师不敢第一时间联系家长呢？

一、教师缺乏对班级和孩子的了解

中途接班，大概率接到的都不会是传统意义上的“好班”，更何况是在小学最后一年。一个乱班的基调一般都是：纪律失常，学生失态，班级失控。所以经常会有学生言语或肢体冲突的偶发事件发生。

同时，新接班的老师与学生的关系是：师生几乎是陌生人。每个孩子的“硬核”和“软肋”新班主任都知之甚少，很难当即判断如何才能更好地处理孩子之间的争端。师生之间都在用“观望”的态度审视对方。如此情况下老师即使空有一身高强的武艺，却一时无法施展拳脚。

二、新家校关系尚未完全确立

每个孩子的行为背后都有家庭的影子，一个接手新班级没多久的老师，跟家长之间的交流就更少了。如何将此次的危机化为转机，是摆在像Q老师一样的新接班老师面前的问题。

尤其是到了高年级，班级的问题一定是日积月累的，有时候历史遗留问题也会在新问题产生时一并冒出来。青春期的孩子时常会有一种“执念”，会把今天发生的事情与之前的矛盾联系到一起，固执地认为是别人对自己的“报复”。这时候，新老师应该循循善诱，让孩子释怀，化解双方的矛盾，打开心结之后，再因势利导，分析处理偶发事件。家长也在观望一个新老师对孩子之间争端的态度，并据此获得对新老师的第一印象。

如何妥善处理好历史遗留问题和偶发的新问题，让班级同学和家长都既信任又服气新班主任，都是新接班班主任面临的挑战。偶发事件，必然是平时疏于品德教育，心理疏导，或者之前的“积怨”并未完全平息，使事件经过多次发酵后，遇到适应的时间、场合便发生了。新班主任平息事端时，先要善于发现双方学生的闪光点，再鼓励学生“放下”。因为“新”，孩子家长对新老师不熟悉，所以何时引入家长至关重要。一般在启发学生进行自我教育之后，客观真实地跟家长沟通，让家长知道老师为化解争端做了什么，怎么做的，孩子是如何理解后“放下”的，最后请家长一起参与为本次偶发事件画上句号。让家长和孩子真切感受到新老师新气象，就事论事，不和稀泥。同时建立新的有效的“家校同盟”。

知识库

一、偶发事件，成因不确定

偶发事件的成因往往比较复杂，难以界定。在班级管理的过程中，偶发事件主要存在于学生之间的矛盾冲突，事情起因常常是一些难以预料的不可控因素，或是长久以来积存的矛盾，有学生主动或被动地将矛盾点燃或激化，更会有从学生转移到家长之间的口角。因此，偶发事件的成因通常比较复杂和难以预料，作为班主任需要有充分的心理准备。

二、事发突然，出乎意料

偶发事件，顾名思义是事先难以预料、出现频率较低，但必须迅速作出处理的事件。这类事件普遍爆发力强，影响面大，往往前一刻“晴空万里”后一秒“乌云密布”，让班主任老师始料未及。因此，班主任老师需要随时应对突发事件的发生。

三、时间紧迫，急需处理

通常在班级管理中，班主任都会认真计划并实施，有充足的时间。但偶发事件事发突然，留给班主任认真思考、处理的时间比较有限，并且由于偶发事件的起因比较复杂，处理起来有相当的难度，一旦处理不当，可能会造成混乱和难以预料的严重后果，所以班主任一定要在最短的时间内理清思路，找到解决问题的最佳途径。

百宝箱

一、调查分析，丁卯分清

偶发事件往往事发突然，它的发生和发展走向常常不被班主任所了解，因此班主任在处理时要有智慧，条理清楚，更要坚持公正，同时又随机应变。

在偶发事件发生之后，班主任需要对已经掌握的基本事实和有关情况进行分析，弄清原委，判断性质。老师心平气和地聆听，结合其他相关信息，学生平时的表现以及在偶发事件中的表现，再还原真相和判断孰是孰非。班主任要细致周到地做好学生的工作，引导学生说出心中的真实想法。不戴有色眼镜看任何学生，先聆听，后分析，丁是丁，卯是卯。

二、分析原因，弄清实质

老师要通过调查和分析事情的原因，掌握偶发事件的全过程后，尽可能还原真相，弄清实质，后面的问题解决就有的放矢了。过程中需要注意的是：

（一）以实事求是为准则

不戴有色眼镜看任何一方，不偏不倚地对待矛盾双方，做到以理服人。

（二）兼顾学生特点

分析偶发事件发生的原因时，从学生的心理、年龄、思维逻辑以及思想认识特点出发，万不可从成人视角去评价，一旦伤害了学生的自尊心，那接下去的工作就会十分被动。

三、以理服人，心中有秤

在掌握了偶发事件发生的全过程，了解了事件真相后，在处理问题时老师要注意以下两点：

（一）以理服人

处理偶发事件的原则除了以理服人，还要善用冷处理。处理事件时，班主任要有度的把握，让孩子明白：原则之内寸步不让，原则之外一切好说！

厘清了事情之后再采用讲理又合理的方式分别与当事双方或几方谈心。平复疏导双方心情，划分责任，真诚道歉。对于责任灰色地带则本着退一步海阔天空的原则，让双方相互商量。偶发事件的“元凶”是一时冲动。老师的智慧处理可以让事情转危为安。首先肯定是给矛盾双方降温，缓解矛盾、缓和情绪，同时也给双方自我反省的时间。当学生意识到了自己的错误，老师应及时予以肯定。

（二）心中有秤

五年级的学生对于公平的渴求应该是小学阶段最强烈的，处理偶发事件既是在调解当事学生之间的矛盾，也是向全班学生传递一个信息，老师对待每个孩子都是平等公正地，他们心中自然就生出一杆公平之秤，也会让家长放心老师的学校工作。同学和家长都能信任甚至信服老师的做法了，对班主任以后的班级工作是非常有益的。

智慧树

你的心就那么点地方，少放一些不开心的事情

【案例描述】

周一下午自习课，五年级 2 班的萌萌在交作业时，维维不让他走，两人因此发生冲突：导致维维的鼻子被打破了。

维维妈是家长中出名的"扶弟魔"，但凡跟她儿子有关的事，她都会将小事放大。无论老师还是其他家长都对她敬而远之。刚接手这个班级的 Q 老师遇到这样一个棘手的事件，竟然一时不敢先联系双方家长。究竟该怎么化"危机"为"转机"呢？

【问题归因】

学生之间经常会因为一些小摩擦而记仇，如果没有妥善处理，则会发展成肢体冲突。

小学五年级的学生，已经对事物有自己的看法，并且常常迷之自信，这个年龄段的孩子，对事物的看法往往是不全面甚至是错误的。

家长在背后"撑腰"。维维妈妈在班级家长中的人设是"扶弟魔"，每次都要替儿子出头，这让维维形成了一种思维：反正有我妈在，我妈会帮我搞定。

【实践支招】

事情发生后，我第一时间让动了手的萌萌平静下来，叫他和我一起送维维去卫生室，并要求他全程对维维要么不说话，要说就得说安慰的话。和老师一起全程陪伴能让流了鼻血的维维心理上得到些许抚慰。

卫生室老师确认维维的鼻子没有什么大碍之后，将两人带回教室，坐在老师一左一右，提出要求一人说话时另一人只能听不能插嘴，且要求双方只说此次事件中自己做得不对的地方。我想让两个学生一边冷静地说，一边反思自己的错处，从自身找原因。

随后就自己的错处向对方道歉，并且和对方握手言和或者拥抱致意。肢体的冲突最后回归到肢体和解。

当场问清学生对老师的处理有无异议，如果有，再对异议的方面本着双方各退一步的原则进行调解。如果没有，老师就与双方进行谈心和开导。我首先和两个当事学生共情。我对维维说：“你今天这样做是因为很久以前萌萌也这样对待过你。我相信你当时被他那样熊抱一定也是不舒服的，当时你其实可以直接告诉他你的不舒服，让他以后别这样做。如果他还是不听，你可以寻求老师的帮助，而不是默默记在心里，等到今天再以牙还牙。我们每个人的心一共就那么点地方，为什么不多放一些让人开心的舒服的事情呢？刚刚萌萌动手打到你的鼻子是你们俩在纠缠中甩到的，他说不是故意的，从他后面一路一直陪着你也可以看出他的歉意，老师相信你也是感受得到。当然老师也要表扬你，听说你以前都会因为一些小事情绪失控大吵大闹。但你今天完全没有，这点是值得肯定的。”我又对一旁的萌萌说：“你今天值得肯定的地方就是你愿意承担自己动手的责任，全程陪着维维，也没有说怪话。老师也想告诉你，冲动是一切犯错的起源。以后必须学会克己。”

再当着学生的面打电话给家长，向家长说明情况并且附上老师对此次事件的处理和孩子双方的对处理结果的认可。

在全班同学面前还原事件，公开老师的处理结果，把两个孩子在这件事中做得不对的地方和值得肯定的地方都讲明，也告诉学生遇事不要冲动。

【思考提升】

当时，电话里维维的妈妈很激动，她一再向我确认孩子的情况。我后来又让孩子跟她视频了，也把卫生老师跟我的沟通向她一一描述了。同时我也站在一个妈妈的角度表示理解她的紧张和担心，但也希望她能明白，孩子早晚会长大，有些事情得让孩子自己面对和解决。萌萌的妈妈还是通情达理的，对老师的处理表示信任，也表示回家后会再教育萌萌，同时也提出如果维维鼻子觉得不适，就医的费用由萌萌家承担。我也把这个信息告知了维维妈妈。在她冷静下来之后，她认可了这一切，也询问了萌萌的情况，还表达了对老师的信任和感谢。

当时我灵机一动，把维维妈妈和萌萌妈妈与我私信的一部分内容发了一个朋友圈，并且辅以：俩人动手，停手后说的都是自己的不是。俩家长得知后关心的是对方的孩子是否有事。忙碌的周一，莫大的感动！

孩子和家长，对老师的信任大大增加。老师的工作也可以更顺利地开展。

练兵站

体育课上，足球比赛。明明和芳芳因抢一个球演变成“全武行”，且谁也不买谁的账。新接班的班主任如何处理此次偶发事件？

作者简介

瞿帅，上海市实验学校东校，荣获浦东新区园丁奖；所带班级荣获上海市自动化小队；浦东新区快乐中队。

家长对学校教育“指手画脚”，怎么办？

——让家校“合力”1+1 ＞ 2

孙施骄

随着社会的进步与发展，不少教育工作者发现越来越多的高知型家长开始对学校教育“指手画脚”。面对这样的难题，班主任该怎么办呢？本文立足于现阶段教师与家长沟通时的主要特点，提出家校合作的有效实施策略，以家长微型课程为载体，增强家校合作的有效性。

开学已一周，小唐一直没有给新课本包上书皮，丁老师好心提醒她，可当晚，丁老师就收到了小唐妈妈的信息：“丁老师，您好，我想表达一些对于育人成才的个人看法。我认为爱书最好的方法，是把书本上的知识学到脑子里。至于书本是否包书皮，这不重要。学校是要培养听话的孩子、遵守规则的工人，还是接受敢于突破规则、制定新规则的面向未来未知领域的人？我倾向于后者。也希望老师能够支持孩子，做一些她意志上接受的事情，而不是压迫她。”丁老师实在没想到，家长从包书皮上升到了教育理念，看着手机上大段的信息，她一时也不知该如何回复。

如今，越来越多的班主任在工作中遇到了家长对学校教育“指手画脚”的情况，该如何以“四两拨千斤”的方式让家长配合呢？

探照灯

家长为何会对学校教育"指手画脚"呢？

一、教师方面：家校合作胜任力不足

家校合作是具有较高专业性的工作，部分教师在与家长交流时缺乏相应的沟通技巧，没有注重语言的艺术。

学生来自不同的家庭，家长的年龄、学历和工作各不相同，如果运用了不恰当的表达方式，会使部分家长感觉"下不了台"或"难以接受"，这往往会导致家校沟通陷入重重困境。或是教师在与家长的交流中缺乏主动性，常常在学生出现问题或发生矛盾时才与家长沟通，在家校双方交流的过程中，仅仅就事论事，沟通话题局限于孩子的不足之处，家长们无法了解孩子在学校的其他信息，无法对孩子作出积极合理的评价，不利于开展家庭教育。同时，沟通中缺少必要的情感互动，也会导致彼此戒备，产生隔阂，使家校合作无法顺利进行、有效开展。

二、家长方面：不"唯"学校教育

不少家长基于生活经验的判断，容易对非资深教师产生各种质疑，比如，缺乏教育经验，能否教好学生？缺乏工作经验，能否处理好班级里的各种问题？种种忧虑最终导致了家长对学校教育的不信任。

以前，教师在家长面前往往象征着知识与权威，而现在，随着社会的不断发展与进步，高学历家长越来越多，在孩子教育上的长期投入越来越多。他们个性鲜明，有学习能力，会翻阅"大咖们"推荐的教育书籍，搜索浏览形形色色的教育网站，自学成了"教育专家"。部分家长将自己的经验和观念"套用"到孩子的校园教育中，点评和质疑教师的教育教学能力，俨然成为学校教育的"编外教师"。小唐妈妈将自己从书中所习得的理论知识，想当然地强加给教师和学校，从而造成了家长对学校教育"指手画脚"的局面。

三、社会方面：带有目的性的舆论导向

如今，有不少平台和自媒体向流量看齐，费尽心思寻找一些有关家校合作教育中出现矛盾的题材大做文章，对一些教育事件断章取义，推波助澜，达到对学

校教育负面舆论渲染的目的。如此带有目的性的舆论导向，使部分家长对学校和教师产生信任危机，家校合作举步维艰。

知识库

一、用自信和专业取得家长的信任

在家校合作中，教师需要运用相关专业知识“读懂学生”，掌握学生的成长规律、读懂学生行为背后的需求、了解学生问题的根本原因，从而为学校和家庭进行有效的教育干预提供意见和方案。当家长对班主任足够信任时，他们乐于分享学生在家的各项表现，能欣然接受教师给予家庭教育的指导，积极配合教师开展校内各项工作，家校合作的顺利开展也就水到渠成。在充满信任的教育环境中，不仅给予了学生良好的心理作用，同时教师的教育热情也随之水涨船高。

二、用真诚和耐心获得家长的理解

“家校共育”应是建立在平等关系之上，教师邀请家长参与其中，而非高高在上以驾驭的姿态，对孩子的教育指指点点。在家长表达观点时，教师不但需要专心倾听，还可以记录下家长的想法，进行梳理，让家长感受到教师对“家校共育”的重视。教师还应当有一定的“共情能力”，当家长对学生问题表现出焦虑时，应表现出对家长心情的理解，并适当予以安抚。教师需尽可能全方面地去观察一个学生，尤其是易被忽视的小细节，在与家长坦诚交流的过程中，这些细节之处体现了班主任平时工作的细致、认真与负责，从而提高家校沟通的效率。

百宝箱

一、精心准备家长会

大部分家长对班主任的第一印象是从第一场家长会开始的，因此，教师需要格外重视这场家长会。无论是当天个人的仪表仪容、家长会上 PPT 内容的呈现，还是向家长展示的学生在校学习生活的物品，都需要做到心里有数。最重要的当属家长会上的发言稿，需要明确向家长传递出各种信息。可以包含自己的教育教学经历，让家长直观地了解教师过去所取得的一些教学成果，也可以提出对班级学生日后教育教学的一些规划以及准备开展的各项学习生活小组活动。同时，也要向家长提出明确的要求，以取得家长最初的配合和理解。

通过这样一场精心准备的家长会，让家长以最快的速度感受到教师的专业素质和认真态度，以自信和实力赢得家长的信任。为今后家校合作打下坚实的基础。

二、及时有效多沟通

家校建立良好互动的前提是双方有良好的沟通。在与家长沟通过程中，教师需给家长提供一些建议，而并非单纯抛出问题，让家长自己去解决。除了沟通学习之外，班主任也应该多与家长沟通孩子的心理状况、道德品质、行为习惯、人际交往、爱好和特长发展等内容。更重要的是，如果能将更多时间用于问题出现前的沟通和交流，也会在很大程度上降低问题出现的可能。

三、建立完善家委会

《中小学德育工作指南》指出，要建立健全家庭教育工作机制，统筹家长委员会等各种家校沟通渠道。家委会是对学校事务进行民主监督的家长自治性组织，是学校管理的重要参与者，也是沟通学校与家庭的重要桥梁。作为教育工作者的我们，在建班育人的过程中，不仅需要向家长传授正确、专业的家庭教育观点和方法，还需要积极完善班级家委会制度，挖掘家委会的功能，整合家长资源，加强与家长间的沟通合作，以此形成家校合力。

四、家长授课进校园

因受时间、空间及教师专业性等条件的限制，学校教育不可避免地存在一定的局限性。而家长的工作涉及各行各业，在具体到某个专业领域的时候，家长的专业性更加权威。因此，家长工作的多元性和专业性，便成了一种无形的教育资源，可以有效弥补学校教育的不足。教师可以整合多方资源，积极地开放课程空间，让有想法、愿意教的家长走进课堂大展拳脚。这样的家校合作，是交流和融通的最直接表达，是校本课程的外延。

五、善用平台促交流

班主任也要善于运用各类沟通平台，让家长通过不同途径，了解孩子在校情况。当学校举办各类活动时，班主任可及时做好拍摄记录工作，将学生的精彩瞬间拍摄下来，分享到班级群，让家长有现场参与感。后期可将照片或视频传至绿蜻蜓云校园平台，便于家长收藏保存。

班主任在平时也可以利用晓黑板的“发视频”功能，随时随地记录下学生们成长的点点滴滴，并增添文字描述，让家长轻松了解孩子的校园生活。或是通过“晓成长”发布图片、语音、文字、视频等多种组合形式的动态消息，并设置可见对象，与家长共同记录、沟通孩子的成长过程。

或是与家委会共同建立班级微信号，每月整理一次班级日常与活动，图文并茂的微信推送，也能让家长对学生在校的表现能有更全面的了解。

智慧树

让家长所学之长，点亮学生学习之光

——一（7）班家长微型课程

一、活动目的

1. 整合家长资源，让家长用自己的专业知识教孩子们感受生活中的化学，探索化学带来的无穷乐趣。

2. 促进学校教育、家庭教育和社会教育优势互补、资源共享，营造良好的育人氛围。

二、活动过程

（一）课前准备

1. 每个学生自备一份食物，如：一小块面包、几片饼干。

2. 家委会招募家长志愿者，协助授课的家长开展实验，并进行照片拍摄、

宣传等工作。

（二）课堂内容

1. 授课家长进行自我介绍，家长微型课程正式开始。

2. 以生动有趣的故事引入，吸引低年级学生的兴趣，学习淀粉的特性。

3. 授课家长进行试验操作示范。学生仔细观察，并尝试动手操作，在自备的食物上滴上碘酒，观察食物颜色变化，并做好记录。

4. 扮演侦探，寻找"偷淀粉的贼"，了解生活中哪些的常见食物含有淀粉，感受生活中的化学。

（三）课后小结

1. 学生通过说一说、画一画，或是写一写的形式分享自己的收获，表达对家长微型课程的感受与想法，并装饰在班级壁报栏中。

2. 家委会整理课堂上互动的照片，授课家长交流心得体会，班主任加以文字总结，形成案例或是班级微推，与班中其他家长进行分享推广。同时积极吸收、挖掘新的家长资源，筹备下一次的家长微型课程。

三、活动成效

班里小何的妈妈就职于巴斯夫中国有限公司。巴斯夫公司与上海科技馆长期联合承办"小小化学家"的活动。此次，她把这项活动带进了班级。一堂生动的化学课，针对小学生的年龄特点创设了安全、有趣互动实验，通过一个个神奇的小魔法，学生自己动手做实验找偷淀粉的贼。如此耳目一新的独特课堂体验，在培养学生不断探索与研究的科学精神的同时，更是激发了学生了解化学知识的热情，助力他们用知识塑造未来。

在家委会进行宣传后，家长之间互相影响，主动提供后续优秀丰富的资源。班主任通过整合家长、社会等多方面资源，形成从教育目标一致，上升到理念一致，再发展到行动一致的"家校社共同体"。

让有想法的家长，摆脱"纸上谈兵"，走进课堂；让家校合作，为学生打造丰富多样的学习内容，真正落实为学生服务，营造良好的育人氛围。

练兵站

家长会上，任课老师批评了学生的上课表现。会后，家长心情特别焦虑，给你写了一封信，信中针对班级学生行规该如何改善发表了不少见解，你该怎么办呢？请根据所教学生的学段情况，结合班级学生、任课老师和家长的特点，运用沟通技巧，给这位家长回一封信。

作者简介

孙施骄，上海市实验学校东校，曾获浦东新区第九届中小学班主任基本功比赛一等奖，浦东新区小学班主任宣讲团成员，获得浦东新区小学班主任案例征集评比一等奖，浦东新区教育学会论文二等奖等。

学生不爱劳动、不会劳动，怎么办？

——让孩子们拥有一双“勤劳的手”

陈怡雯

近日，中共中央国务院、教育部出台了关于大中小学劳动教育的指导文件，劳动教育的重要意义不言而喻。面对学生不爱劳动、不会劳动的情况，班主任该如何应对呢？本文提出以《大中小学劳动教育指导纲要（试行）》为主要内容，立足学生生活实际和社会发展变化，以“学校劳动教育”为主阵地，贯穿家庭和社会各方面，积极探索具有中国特色的劳动教育模式，注重教育实效，实现知行合一，丰富学生劳动体验，提高劳动教育的实效性。

小剧场

每周三是学校的“洗刷刷日”，这一天，全班同学要在午餐后对班级进行大扫除。可是班主任王老师发现，经常有学生逃避劳动，批评教育也是屡教不改，不劳动的同学还振振有词：“班级里有这么多同学，少我一个有什么关系？而且在家里我也不劳动。”还没等王老师开口，这个学生就头也不回地离开教室去操场玩耍。王老师站在讲台旁边，继续关心班级里大扫除的情况。可是王老师发现有不少学生不会劳动，有的同学拿着还在滴水的抹布进了教室，有的同学无法把垃圾扫进簸箕里，还有拖地的同学一边拖一边就把刚刚拖干净的地面踩脏了……王老师不停地纠正指导学生的劳动方式，直到检查人员到来，大家才急急忙忙结束大扫除。

相信有不少班主任都会遇到学生劳动教育的难题，面对这样不爱劳动、不会劳动的学生该怎样教育呢？

探照灯

究竟是什么造成学生不爱劳动、不会劳动呢？

一、学生劳动观念“淡薄”

当前，尽管二胎甚至是三胎政策逐步开放，班级中学生仍是独生子女居多，他们的生活由父母和祖辈悉心照料，衣来伸手、饭来张口，没有亲自体验过劳动过程，没有创造出劳动成果，学生自然就感受不到劳动带来的成就感和满足感。不仅如此，现如今的学生享受着舒适的家庭环境，自身的惰性加强，没有形成正确的劳动价值观，造成了他们的劳动观念淡薄，缺乏基本的劳动技能。

二、教师劳动指导“缺失”

在课程方面，许多学校不单独开设劳动教育课，一般在四、五年级开设劳技课，由专职教师任教。然而，从学生在校劳动情况来看，大多都是由班主任老师指导，而班主任极少由劳技老师担任，导致教师劳动指导方法缺失，劳技课的习得又缺乏实践。由此可见，在理论上，学生不能系统全面地学习有关劳动教育的知识、技能；在实际中，缺乏应有的实践和锻炼，这样“有育无劳”和“有劳无育”都将导致劳动教育定义的弱化。

三、家庭教育目标“错位”

在应试教育的大环境下，家长对孩子的家庭教育目标存在“错位”现象。家长希望孩子取得好的学习成绩，导致在生活中一切事务由家长代劳，只为了让孩子有更多的时间可以学习更多的文化知识，而忽视了对孩子的劳动意识和劳动能力的培养，这是较为普遍的社会现象，而非个例。

知识库

一、明确劳动教育的内涵

劳动教育是中国特色社会主义教育制度的重要内容，直接决定社会主义建设者和接班人的劳动精神面貌、劳动价值取向和劳动技能水平。

新时代劳动教育是具有综合性、实践性、开放性、针对性的劳动教育课程体系。劳动教育是"四育"的基础，概括起来就是"以劳树德、以劳增智、以劳强体、以劳育美"。唯有使其相互渗透、和谐发展，让"劳动最光荣、劳动最伟大、劳动最崇高、劳动最美丽"的观念深入人心，才能促进学生健康全面发展，成为新时代好少年。

二、营造校园劳动教育的氛围

校园文化是学校精神文明的体现，是开展劳动教育活动的场域和载体。通过积极构建劳动光荣的校园文化，有利于潜移默化地培养学生正确的劳动价值观，如，在各学科课程中渗透全国劳动模范等的典型事迹、开设劳动必修课、开展劳动公益活动课程等，从而使之乐于学习劳动技能，逐步掌握劳动方法，并体会到劳动带来的幸福感和满足感，以此构建热爱劳动、勤于劳动、善于劳动的校园风尚。

三、加强学校、家庭和社会的合作

现今，大中小学在中共中央国务院、教育部出台的指导文件指引下开展劳动教育。诚然，在践行过程中需要学校、家庭、社会三个教育渠道合力，才能更好地实现劳动教育目标。在家参与力所能及的家务劳动，提升孩子的劳动意识和劳动能力；学校通过创设劳动教育的校本课程，帮助学生树立正确的劳动价值观，掌握基本劳动素养；组织社会公益劳动，有助于培育儿童的社会公德，提升社会责任感。

加强劳动教育是学校、家庭和社会的共同责任，通过家务劳动、学校课程、社会实践等关键环节，培养今后必备的劳动意识、技能、精神和习惯，实现德智体美劳全面发展的一种教育形态。

百宝箱

一、观念转变，提升劳动积极性

学生劳动观念的淡薄，主要受学校和家庭的影响，因此，要促使学生劳动观念的转变，提升其劳动的积极性，学校和家庭就得重视劳动教育。学校里，通过主题班队会对学生进行劳动教育，树立劳动意识和责任意识。通过劳动岗位设置，正面激励等措施，在学校日常生活中渗透劳动教育。

二、方法指导，促进劳动有效性

正确的劳动方法，让劳动事半功倍，可以有效提升劳动的有效性。通过明确的要求与具体的示范，传授劳动技巧；大手牵小手，由高年级学生帮助低年级学生对班级进行大扫除，在此过程中也在传授劳动方法。校内劳动绝不仅仅是教室卫生的简单劳动，劳动教育还可以与自然学科结合，开设种植课程在课堂上认识植物，了解植物习性，运用习得的知识打理班级植物角。

三、依托校本，创设劳动系统性

在相关文件的引领下，学校也纷纷开设了劳动教育的课程研究。比如结合建党一百周年和劳动教育，我校以“锦绣少年心向党劳动达人创未来”为主题，以一个“福袋”作为开学礼物，开启新学期“集五福”的活动。“五福”分别有爱国福、劳动福、节俭福、友善福、和谐福。在“集五福”的过程中，树立班级标杆，正向引导，促进学生良好劳动习惯的养成。

四、家校社共育，完善劳动全面性

在学校，我们还有教室打扫、图书整理、植物浇灌、分饭分汤等丰富多样的劳动实践，并通过正向激励，让学生在劳动中体会劳动的喜悦、创造的快乐。班主任通过开家长论坛、研讨会等形式，有利地促进家长劳动思想观念的更新，让家长意识到劳动对孩子全面发展的重要意义，给予方法上的指导。比如如何为孩子创造劳动的机会和条件，并合理运用正强化；在周末及寒暑假期间，可以带孩子多出去参加劳动实践活动，让孩子能够感受到通过自身的劳动获得成果的喜悦感和成就感。

学校联动社区开展志愿服务活动，班主任鼓励学生积极参与社会活动，通过丰富多彩的社会劳动实践活动，学生身体力行，知行统一，在劳动中充分绽放生命活力。

智慧树

《中共中央国务院关于全面加强新时代大中小学劳动教育的意见》指出：要把劳动教育纳入人才培养全过程，贯通大中小学各学段，贯穿家庭、学校、社会各方面，与德育、智育、体育、美育相融合。锦绣小学坚持劳动教育，积极开展区级少先队"五色"劳动教育课程研究，在这一课程研究的引领下，学校少先队有目的、有计划地组织学生参加日常生活劳动和服务性劳动，培养学生正确劳动价值观和良好劳动品质。

结合区级少先队"五色"劳动教育课程的研究，我作为班主任组织学生进行劳动实践，做到在班级中自主劳动，在学校里自愿劳动，在家庭中自创劳动。

一、在班级中自主劳动，人人有岗

在班级进行劳动教育，设立"一人一岗制"，让学生们人人有岗，激发学生们劳动的自主性；设立奖惩机制，长期有效激励学生坚持自主劳动。

（一）搭建平台，自主管理——"一人一岗制"

在中队建设与发展中，师生共同设立服务岗位，如卫生小标兵员、图书管理员、小小植物员、节能员等岗位。通过这些服务岗位的确立，学生们找到了自己在班级中的位置，意识到了自己的责任，成为班级建设的"小主人"。一段时间以来，学生在服务和劳动中，慢慢有了主人翁意识，学生们在不知不觉中就养成了主动劳动的好习惯。

（二）设立奖惩，有效激励——"班级优化大师"

学生有了为集体荣誉努力的一腔热血，班级凝聚力增强了。但小学生的劳动能力和自我约束力较弱，一段时间之后，出现偷懒的现象。借助学校德育工作指向，通过在“班级优化大师”平台上加分减分，激励或约束学生的行为。在班级中坚持劳动教育，常抓不懈，不断规范，不停激励，树立榜样，带动学生们共同进步。

二、在学校里自愿劳动，人人服务

少先队“五色”劳动教育课程，是根据不同年级、不同目标，细化劳动课程，并且制定相应评价模式和奖励机制，有橙色课程“食堂我当家”、蓝色课程“卫生我维护”、绿色课程“蔬菜我耕种”、黄色课程“垃圾我分类”和红色课程“图书我管理”。我以橙色课程“食堂我当家”为例，谈谈在少先队劳动教育课程引领下，如何培养学生在学校里开展服务性劳动。

（一）统一服装，劳动的“仪式感”

服务前，整整齐齐地穿戴围裙、帽子、口罩与手套，让学生从内心接受“服务者”的角色，从而收获当家的自豪与骄傲。

（二）分工合作，劳动的“成就感”

每个班级有一周的服务时间，每个学生按照岗位表有一次当家的机会。学生们分发饭盒、摆放餐具、递送汤品、整理餐具。在此过程中，学生逐渐收获为他人服务的幸福感，与此同时，学生在实践中摸索出最快捷的工作方式，感悟劳动后的成就感，启发劳动智慧。

（三）服务介绍，劳动的“幸福感”

每次用餐之前，轮值学生都依次进行自我介绍，这一环节的介绍给予服务者展示自我的机会，同时更是让被服务者对轮值组员们表示感谢。尊重他人的劳动成果，赞扬他人的劳动成果，感谢他人的劳动成果，这是每个学生所需要习得的。

（四）自我评价，劳动的“满足感”

每次轮值结束，每一组学生需要填写一份食堂当家反馈表。同时，明星服务队的评比也让每个学生的劳动积极性和劳动满足感大大提升。

三、在家庭中自创劳动，人人成长

学生的成长空间链接于学校，更衍生于家庭。以四年级家庭劳动实践“我会缝纽扣"为例，谈谈班主任如何引导学生在家庭中自创劳动，收获成长。

（一）纽扣分类，我能行

纽扣的形状多种多样，除了实用功能以外，还对服装的造型设计起到画龙点睛的作用。学生寻找家中不同形状的纽扣，发现服饰与纽扣的关联，激发缝纽扣的兴趣。

（二）学习钉法，我能行

在家中长辈的指导下，学生学习缝纽扣的方法。从日常穿着的校服开始，将习得的劳动方法用于实践。

（三）自创钉法，我能行

通过练习，学生缝纽扣的技能愈发熟练。此时，学生们自创纽扣钉法，除了传统的十字钉法，学生们自创了"小花朵"钉法、"五角星"钉法、字母"N"钉法等。学生们在劳动中启发思维创造，将劳动往富有创造价值的方向去探索。

（四）自我评价，我能行

在学习缝纽扣的过程中，学生在作业中进行过程性记录，父母也参与其中并留言点评，肯定学生们的成长。

学生在中队、在学校、在家庭中自主、自愿、自创地参与劳动，逐渐养成良好的劳动习惯，提升劳动能力，为将来到社会参加劳动做好充分准备。未来，我们可以在中队中开设职业微课程，组织学生到实践基地进行劳动参观，从而引领学生了解社会劳动分工。相信在家、校、社三位一体的劳动课程体系下，学生会不断成长，他们的笑容也会在劳动中越来越灿烂。

练兵站

请结合校情和所属社区实际，设计一份学生暑期社区劳动服务方案。

作者简介

陈怡雯，上海市浦东新区锦绣小学，获得浦东新区德育实践研究课题优秀成果三等奖，浦东新区少先队小研究征文一等奖，浦东新区“学科德育精品课程”二等奖，并入选上海市中小学“学科德育精品课”。

学生缺乏一双发现“美”的眼睛，怎么办？

——让“美育”点亮少年生活

闵峥艳

在应试教育的背景下，无论是学生家长还是老师，所有人的目光都集中在成绩上，仿佛一切都可以用成绩来衡量。同学之间的友谊也是用成绩说话，一个人的“美丑”也是成绩说了算。作为班主任，对于一个学生的品质应该有一个全面的评价，碰到这种情况，该如何应对呢？

小剧场

课前五分钟，班主任闵老师拿着课本准备进班上课，刚走进教室就听到一阵喧哗声。一群调皮的男孩子拿着一张考卷“疯狂”地传来传去，他们一边“飞”着试卷一边喊着：“看看她的试卷，只考了须努力，考卷上都是大叉！”“她有病，她有病！她的试卷好脏啊，黑乎乎的太恶心了！”考卷从这儿飞到那儿，又从那儿飞到这。班主任闵老师很生气，把这群男孩子喝住，并把试卷拿过来一看，原来，这张试卷是笑笑的。她是一个在班级里极不起眼的孩子，成绩不太好，头发衣着比较凌乱，平时缺乏自信，走路都是低着头，不与其他同学交流。没想到，却成了其他学生欺负的对象。这是班主任闵老师第一次这么直观地感受到这个孩子正在遭受欺负。但其实，这是一个很善良的女孩子，内心非常柔软，是一个非常美丽的女孩。可是，班级的学生却只以成绩来评判一个人。

面对班级有这样的一个状况，班主任应该如何引导学生对于品德审美的正确认知？应该如何帮助“陷入困境”的美丽女孩呢？

探照灯

究竟是什么原因造成班级有这样的情况存在？

一、教育存在“内卷”现象

在国内，中国乃至整个东亚地区，教育“内卷”已经是一个普遍的社会现象。学区房房价居高不下，高考状元一夜爆火……在一些人才聚集的大城市，对教育资源的争夺，更是一种白热化的状态，导致整个社会全民性的焦虑，且这种焦虑有下沉的态势，越来越低龄化，家长的急功近利，呈现一个陀螺式的死循环，形成一个高度动态的陷阱，造成精神内耗和浪费，严重影响了学生正确的价值观。

二、家长缺乏美育引导

家长身处社会中，难免成为“内卷”洪流中的一员，攀比现象越发严重。家长被洪流裹挟着前进，难免会迷了眼，看不到“人性美”对一个孩子的养育有多重要。家长之间的攀比，目的性、功利性较强，对孩子缺乏美育的正确引导，直接或间接影响孩子审美的比较及分析能力，以至于影响其正确区别真善美与假丑恶，不懂得崇尚美。

三、班级评价形式单一

班级的评价体系比较单一，各科老师表扬学生多以行为规范、学习能力等为主，忽视了学生实践能力、创新精神、心理素质以及情绪、态度、习惯等综合素质与潜能的关注，评价结果容易片面、主观，不能全面反映一个学生的发展情况。学生被单一的评价体系禁锢，缺少发挥自身优势的机会，失去了发展的原动力。

知识库

一、盲目内卷危害多

学生是一个鲜活的个体，不是家长的攀比工具，盲目"内卷"看似是被过度关注，其实是忽略。这种"忽略"是指父母的关注点始终在成绩上，学生的成绩、得到的奖状或者给他们争来多少荣誉。但学生遇到的困扰、心理问题，却不被关注。

二、多元评价效果佳

当我们认识到只以学习成绩来定论的危害之后，需要努力做调整。根据小学生身心发展的特点及小学生素质发展的评价标准，社会和学校都应该对学生的素质教育评价进行改革，取消单一的评价方式，以规范化奖励制度为激励手段，对学生进行多元评价。逐步引导学生对自身的德育、美育、体育等多方面的认识，自觉抵制各种因学习能力弱而"欺负""瞧不起"别人的不良行为，促进学生知道"美"是多元的，美好的品质不局限在成绩上，形成"美"的班风。

三、美育培养意义深

美育也称为审美教育或美感教育，它通过各种艺术以及自然界和社会生活中美好的事物来进行，它可以培养学生认识美、爱好美和创造美的能力。美育也是培养小学生感受美的能力，对小学生进行美育教育能给他们带来愉悦的情绪及一双发现"美"的眼睛。

百宝箱

要帮助被"歧视"的学生，要引导一个班级正确的班风，要使学生树立正确的价值观，可以采取以下这些对策。

一、帮助学生认识"美"

利用班会课，让学生思考：除了关注学习成绩之外，我们还应该关注什么？你能发现别人身上的美吗？引导学生一个人的“美”是多种多样的。他可以是外形美、语言美、心灵美、行为美等，成绩固然重要，但是一个人身上的“美”是多元的。

二、引导学生寻找“美”

结合上面的引导，可以制定一个新的班级争章规则。如果班级学生能发现别人身上的美好品质，或者你看到了别人做了一件好事，特别是发现了很细微的，别人发现不了的“美”，都可以向班主任汇报，并能获得一个美美的奖章。当然，这样的汇报也是在集体中进行，公之于众，广而告之，慢慢形成良好的班风。每个孩子也都会去寻找美，自己也会主动创造美。

三、培养学生创造“美”

在“认识美”和“寻找美”的基础上，创造美就更得心应手了。有了这样一个美好的班风，学生们会主动去创造美，同时也期待别人来发现他的美，形成了一个良性循环。如果这个学生没有考好，会有同学主动去安慰他、帮助他。再也不会有学生取笑他、看不起他了。“与美同行，美美共生”，是我们共同的愿望。

智慧树

猜猜“TA”是谁

——一年级2班“认识美、寻找美、发现美”班会活动

一、活动目的

1. 知道衡量一个人的标准不单单只有成绩，明白每个人身上都有美好的品质。
2. 有一双发现美的眼睛，做到认识美、寻找美、创造美，感受到美的正能量。

二、活动过程

（一）活动前准备

我特地打了个电话给笑笑的家长，希望在活动那一天，让笑笑穿得美美的。

同时，我事先观察了笑笑的外貌，并从班级一些女生的口中了解到了她身上许多优点。

在班会课前，我偷偷地将我的“计划”告诉笑笑，并让她上课时躲到教室外面。

（二）活动实录

1. 活动导入

师：今天我要和大家一起做一个游戏，游戏的名字叫“猜猜TA是谁”。

此时同学们兴致高涨，我继续道：“老师要用语言描述班级一个同学的特点，你们要仔细听听，然后猜猜老师说的是谁？”

师开始叙述：她有一双大大的眼睛，皮肤白白的……

还没等我说完，班级里已经有很多学生开始呼应我了：是乐乐、是小马、是小雨……回答声此起彼伏。

我摇了摇头，继续说道：她总喜欢扎一个马尾小辫儿，小辫子上经常系上一只可爱的蝴蝶结，这么可爱的姑娘不爱说话，但脸上总带着可爱的微笑……

听了我的叙述，大家突然醒悟了，此时，此起彼伏的答案竟出奇一致：是笑笑，是笑笑！

我的眼睛闪烁出惊喜的光芒，连忙继续问道：你们为什么说是笑笑呢？

一个女孩子举手了：“老师一说蝴蝶结我就猜到了，因为笑笑经常戴蝴蝶结，很漂亮的。”

一个男孩子举手了：“因为笑笑的眼睛很大，笑起来是很好看的。”

师：“你们对班级小朋友观察得真仔细啊。我们一起看看，看看我到底说的是不是她呢？”

这时，笑笑一直站在外面听着里面同学们的回答。我走出去，将她带进了教室。第一次站在班级面前的她还是有些矜持，一直低着头。

师：“让我们给笑笑一点鼓励吧。”我带头鼓起掌来，此时同学们也鼓起掌来。她这才慢慢地抬起头来。同学们立刻观察起来，站在人前的她腼腆地笑了。

师：“有一次，我看到笑笑在默默地拖干地上小朋友不小心打翻的水，谁都没有让她去做，这真是一种美好的品质。”

此时同学们都认真地听着，我继续道。

师：“你还看到过她有什么美丽的地方吗？”

此时我没有预料到孩子们沉默了，站在讲台上的她也很尴尬，突然有个学生举手了：“老师，我看到有一次在操场上，同学们玩完之后都走了，笑笑看到绿色的草地上有很多团白色的纸巾，她一个人把纸巾全部捡起来了。”

2. 学生交流

接着就是此起彼伏的讨论笑笑的优点，站在台上的她露出了微微的、腼腆的、又带点喜悦的笑容。

师：“那你们愿意成为这样一个可爱的女孩子的好朋友吗？你愿意在学习上帮助她吗？”

这时，孩子们又集体用高亮的声音喊道：愿意！此时，我观察到坐在台下的同学们露出了从未有过的美丽的笑容。站在台上的笑笑似乎眼睛里带着感动的泪花。

最后，师总结道：老师希望，今天你们不仅是认识到了美，也寻找到了美，更希望你们能创造美，也成为一个美丽的孩子。

3. 制定新的班级争章规则

和班级学生共同制定新的班级争章规则：能发现别人身上的美好品质，或者你看到了别人做了一件好事，特别是发现了很细微的，别人发现不了的“美”，都可以向班级汇报，“被发现者”和“发现者”都能获得一个美美的奖章。

当然，这样的汇报也是在集体中进行，公之于众，广而告之，慢慢形成良好的班风。每个孩子也都会去寻找美，自己也会主动创造美。

三、活动成效

通过这样一次活动，学生们知道衡量一个人的标准不单单只有成绩，也明白每个人身上都有美好的品质。慢慢地，每个人都拥有一双发现美的眼睛，做到认识美、寻找美、创造美，感受到美的正能量。这样，班级也逐渐形成良好的班风。每个学生也都会去寻找美，自己也会主动创造美。

练兵站

“小学生总喜欢告状，怎么办？”请根据所教学生的年龄特点，结合班级学生情况，培养学生发现别人身上优点的良好品质，设计一份实施方案。

作者简介

闵峥艳，上海市实验学校东校，获得校级班主任基本功比赛三等奖，参与区级学科德育课题研究。

“风一般”的少年容易受伤，怎么办？

——让“安全之花”绽放校园

费笑雯

“走廊里面不要跑。”这已经成为不少班主任的口头禅。但是，面对班主任的苦口婆心，依然有不少“风一般”的少年充耳不闻，他们经常在教学楼内奔跑，甚至引发了校园伤害事故。这屡禁不止的“奔跑现象”，班主任应该怎么办呢？本文立足小学生的生活实际和校情，制定行规教育的实施细则，以“红马甲行动”为载体，提高学生的安全意识，让“安全之花”在校园处处绽放。

下课铃一响，同学们一窝蜂冲出了教室。“不要跑，慢慢走。”班主任的话音未落，就听到了走廊里的声响。原来两个男孩一下课就冲出教室，想要玩一场“赛跑”游戏，比比谁先到洗手间。没想到一个男孩脚下一滑，就摔倒了，还连带着另一个男孩一起倒地，班主任赶紧询问两个男孩的情况。所幸冬天穿的衣服较厚，两个男孩都没有受伤。之前就有隔壁班学生因为奔跑摔倒还磕掉了门牙，这让班主任一想到就后怕，在关切两个男孩的同时，班主任也对他们进行了深刻教育，再一次强调了校园里奔跑的危害。

校园里的奔跑现象一直都是每一个班主任的“心病”，“风一般”的少年特别容易受伤，如何让“安全之花”在校园绽放呢？

探照灯

学生为什么会将老师的教育抛之脑后，依然在走廊里奔跑呢？

一、教师的行规教育不够深刻——“纸上谈兵”

班主任在对学生进行行规教育时，往往千篇一律。“走廊里不能跑，很危险。”这些反复出现的话语，让学生们早已听得都能“倒背如流”，但始终没能深刻地让他们记在心里，这样一来班主任的千叮万嘱就成了“纸上谈兵”，没有实效。

二、学生的安全意识不足——“不计后果”

学生喜欢奔跑是因为他们没有意识到奔跑可能产生的后果。一方面自己摔倒了可能会对自己造成伤害；另外一方面，如果你追我赶，很有可能同时受伤，甚至牵连其他路过的同学，轻则擦伤破皮，重则骨折等。这些伤害事故都是年龄尚小的小学生无法意识到的，这就是安全意识的缺失。

三、学生的天性好动——“风一般”的少年

小学生天性好动，尤其男生更是精力旺盛，这是由他们的年龄特点所决定的。他们偏爱追逐打闹，当许多学生在一起，就更加容易互相影响，一个学生跑起来，其他人就不自觉也跟着“疯跑”，这样的“头羊”就带动了班级大规模的课间奔跑现象。

知识库

一、“细”水长流，抓好安全教育

“重要的事情说三遍。”安全教育常常说，安全事例常常讲，安全教育必须常抓不懈。更重要的是，要做一个细心的班主任，平时若遇到学生有危险动作，一定要及时制止。眼睛里始终有学生，遇到情况就提醒，这应该是每一个班主任乃至每一个老师的习惯。唯有“细”水长流，才能浇灌“安全之花”。

二、事无巨"细"，培养集体荣誉感

在班级教育中，培养学生的集体荣誉感是非常重要的一环，每个学生都是集体中的一员，大家都应该为争取或保持集体的荣誉而努力。在一件件小事中，提醒学生，注如果追逐打闹会影响班级的荣誉。让学生们明白，事无巨"细"，个人行为也会影响到班级。就这样一步步培养学生的集体荣誉感，提升学生的安全意识。

三、精雕"细"刻，做班级的主人

学生是班级的主人，为了发扬他们的"主人翁"精神，要让学生根据自己的兴趣爱好，利用好课余时间开展既有意义又有意思的活动。只有细致打造课余时光，让学生们不再无所事事，让他们自己选择适合的休息方式，才能更好地减少他们的"疯玩疯跑"现象。

百宝箱

一、自律自育，定班规

俗话说："没有规矩，不成方圆。"班规是助力班级管理的"利器"。制定合理、获得广泛认可并且能有效执行的班规能激励学生奋发向上，团结一心。制定班规的过程中，主要让学生建言献策，大家可以通过讨论、民主投票等方式，制定出大众认可的班级规则。为了营造和谐的班风，每个人都要努力去遵守班规。

其次，作为班主任，还可以指导学生借助"全民国家安全教育日、全国消防安全日"等重要主题教育日的契机，利用少先队活动课，由班干部负责对全班同学进行安全知识的普及，实现学生群体的自我教育，以此让学生更加自律。

二、自查自评，立目标

为了让班集体的凝聚力得到进一步增强，树立一个共同的目标也是至关重要的。比如：评上全校的"行为规范示范班"。当有了一个共同的目标之后，学生之间都能互相监督，坚持做到走廊里面不奔跑，上下楼梯靠右行走，保持班级环境整洁，黑板及时擦干净，课间休息文明有序。偶尔有学生做得不好，也会有其他学生耐心提醒或者告诉老师及时进行教育。

学生之间互相督促，彼此评价，为了同一个目标而努力，能激发他们对集体的热爱，同时也对个人的行为有了一定的约束。久而久之，即便是班主任不在身边，没有时时刻刻提醒“不要奔跑”，也能由学生干部或者其他学生完成适当的提醒，形成一个提醒机制的闭环。

三、自组自创，“慧”休息

许多学生一下课就不自觉到走廊里奔跑，很大的原因是他们不会休息。通过小队的形式，组建“游戏小队”“阅读小队”等，在小队长的带领下，利用好课间、中午的休息时间，创设有意义的小活动。比如：下一局五子棋，读一个成语故事，大家一起文明、安静、有序地活动，就能一定程度上减少奔跑现象，让学生们不会“会”休息，更“慧”休息。在获得快乐、收获友谊的情况下，也杜绝了奔跑的情况。

四、自省自正，更进步

曾子曰：“吾日三省吾身。”在班集体中学生的自我反思，自我改正，能让他们取得更大的进步。利用十分钟队会、主题班会的时间，在班级中进行小调查、小讨论。反省最近阶段班级中是否有在走廊里奔跑的现象，是否造成了一定的危害，让学生们在“自省自正”的过程中提升安全意识，改正自己的错误行为。

智慧树

送你一朵小红花

——四（2）班行规教育主题班会

一、活动目的

1. 提高安全意识，减少走廊奔跑现象。
2. 开展创意活动。

二、活动过程

（一）红领巾议事堂

1. 想一想

这学期以来，我们班始终和“行为规范示范班”擦肩而过，我利用几幅生动的漫画，画出了同学们下课休息的情景。“在走廊里奔跑、在教室里奔跑、因为奔跑受了伤的同学”，看着一个个“风一般”的少年，同学们若有所思，原来是因为屡禁不止的奔跑现象，让我们在行为规范检查中一次次被扣分。

2. 说一说

利用红领巾议事堂，小干部组织大家讨论，分析存在的问题，思考为什么大家都喜欢奔跑，再明确奔跑可能造成的后果。通过激烈的讨论，大家得出统一的结论：奔跑的危害不容小觑，必须引起充分的重视来改变现状。

3. 组一组

为了改变现状，大家提出组建不同的小分队。“安全小分队”每天由两个同学执勤，负责监督其他同学的课间休息，在老师不在的时候也时时刻刻提醒大家不能奔跑，以此保证大家的安全。“游戏小分队”也应运而生，毛遂自荐的小队长们提出了多个可以在课余时间一起玩的小游戏：五子棋、算24点、魔方等，这样一来大家就能有丰富的活动，来营造和谐的集体。“阅读小分队”也获得了许多同学的认可，成语接龙、寓言故事大家都喜欢在一起分享阅读的快乐，尽享休息的时光。

（二）小红花

1. 这是一朵什么样的“小红花”

班主任和学生一起选择了“小红花”作为奖励方式，以“送你一朵小红花”作为主题。这朵“小红花”，是一种奖励，奖励每一位同学在行为习惯上的进步。可以奖励不在走廊里奔跑，课间能组织同学开展有趣小活动的同学，也可以奖励“小小安全员”，肯定他们用实际行动督促同学们文明休息。这朵“小红花”，也是一种鼓励。每个同学都是集体中的一份子，每个同学都有责任和义务把自己的班级建设得更好，“小红花”能鼓励大家齐心协力，建设更加和谐、团结友爱的集体。这朵“小红花”，更是一种激励。不少同学都习惯性回避自己的问题，一有小错误，就会推卸责任。希望"小红花"能激励大家从自身出发，养成良好的习惯，规范自己的言行，互相帮助，共同成长。

2. 如何获得这朵"小红花"

送你一朵"小红花"行规养成活动	
课间休息	文明休息，课间不在走廊奔跑，安全意识强
小队活动	学"慧"休息，积极参与游戏、阅读活动，表现良好
队长职责	组织同学休息，有条不紊，活动组织有趣

（三）送你一朵"小红花"

1. 送你一朵"小红花"，奖励你，守纪律

这朵守纪律的"小红花"由每日的安全员来颁发，颁发给这一天中最守纪律，行为规范表现最好的同学。

2. 送你一朵"小红花"，鼓励你，"慧"休息

这朵"慧"休息的"小红花"由"游戏小队""阅读小队"的小队长来颁发，颁发给当天文明休息，积极参与课间活动的同学。

3. 送你一朵"小红花"，勉励你，有担当

这朵小红花由班主任老师来颁发，颁发给这一个月中执勤最认真的安全员和最会组织活动的各个小队的队长，勉励他们成为有担当的好榜样。

每月在班级中进行一次"小红花"颁奖大会，总结这个月中获得"小红花"最多的同学，与学校的阳光少年评选活动相结合，即可成为本班的阳光少年。除了收获学校的阳光徽章之外，还可以收获一枚定制的"小红花"徽章。

三、活动成效

行为规范教育不仅是"塑形"，更是"塑心"。作为班主任，在班级管理的过程中，不能采用一成不变的方法，而应随着情境的变化、依据班级活动的具体特点，针对学生的年龄特点和每个学生的不同状态采取不同的管理办法。

通过"小红花"行规养成行动，班级中的"奔跑现象"大幅下降。"小小安全员"很有责任感，耐心、温柔地提醒其他同学要文明休息。课间，还能看到同学们时而一起下棋，时而一起阅读，把那些"你追我赶"的时间都充分利用起来。

对学生个人而言，同学不仅能够做到文明休息，还能做到劳逸结合，避免了"走廊奔跑"带来的风险；对班级而言，同学之间的相处更加和谐友爱了。大家一起相互学习，做做小游戏，班风也变得更加积极向上了。

练兵站

低年级的学生不擅长组织小组活动，那么班主任老师应该如何组织他们的课间休息，让他们避免奔跑呢？

请尝试设计一些有趣的课间小游戏，既能帮助学生放松休息，又能让他们有事可做。

作者简介

费笑雯，上海市浦东新区锦绣小学，浦东新区优秀共青团员，"十佳"少先队辅导员，曾获第四届浦东新区青年教师爱岗敬业教学技能竞赛一等奖，获得上海市小学语文教学优秀论文评比活动一等奖，曾获浦东新区学科德育精品课程一等奖，全国少先队辅导员风采大赛一等奖。

第三编

骨干班主任的提升修炼

十个怎么办“新跨越”

导读

“骨干班主任培训”是提升性培训，聚焦十个“新跨越”，帮助具有发展潜质的中青年班主任全面成长，侧重于个性化的自主学习，提倡形成个人教育风格及专业特长，在本地区乃至全市范围发挥模范带头作用。

●培训对象

五年以上班主任工作经历，建班育人有成效且具有发展潜质的在岗班主任。

●培训目标

坚定职业理想，提高教育境界，增强持续发展的专业动力；掌握基本的经典德育理论，应用理论来总结班主任工作的鲜活经验；把握优秀班集体的形成规律，树立创新意识，形成建班育人的特色；养成反思习惯，增强研究意识，提升自身的学习力和研究力，发挥骨干班主任的引领、辐射和孵化作用。

●培训课时

30 课时

●培训内容

单元一　赢在自发——在内驱力驱动下走向卓越（3 课时）

单元目标

了解内驱力的核心要素及其在班主任工作中的作用，探究当代全国知名班主任主动成长、追求卓越的内在动力，通过自我规划、自我激励，唤醒班主任专业自主发展的内驱力。

单元内容

（一）内驱力的核心要素及作用

1. 自主：自我管理的复兴

2. 专精：把想做的事情做得越来越好

3. 目的：超越自身的渴望

(二)解码名优班主任的成长内驱力

1. 名优班主任的高尚师德

2. 名优班主任的职业理想

3. 名优班主任的专业素养

(三)激活班主任专业发展内驱力

1. 设计者:勾画成长规划

2. 解压器:品味职业幸福

3. 永动机:追求持续发展

单元二　厚积薄发——在学习中增强底气(3课时)

单元目标

了解学习的原理,改进学习方法和思维模式,学习现当代德育的相关理论,认识到理论学习在班主任实践工作中的价值,尝试把德育经典理论与班主任工作实际相结合,提升理论素养。

单元内容

(一)学习力是班主任专业发展的底气

1. 从“被培训者”转向“学习者”

2. 班主任学习力的构成要素及提升路径

3. 班主任高效学习的方法与技巧

(二)了解学习科学的基本理论

1. 学习科学的比较研究

2. 脑科学的研究

3. 脑科学与学习力

(三)掌握德育经典理论及流派

1. 现当代德育思想流派与德育理论的发展

2. 中外现代德育理论的现实意义

3. 德育经典理论的现实运用案例分析

单元三　运筹帷幄——在规划中实现愿景(3课时)

单元目标

了解规划在班主任工作中的运用与价值,明确规划愿景是优秀班集体建设的第一步，学会系统思考的方法，改善思维方式，并能根据班情规划班级发展的目标和途径，提高班集体建设的专业技能。

单元内容

（一）规划在班主任工作中的运用与价值

1. 顶层设计、整体构架是规划的核心
2. 顶层设计、整体构架是一种科学方法
3. 顶层设计、整体构架应遵循的原则

（二）改善思维方式，提高思维品质

1. 由碎片走向整体
2. 由点状走向结构
3. 由僵化走向发展

（三）学会规划，为班集体发展导航

1. 设计班集体发展规划的前期准备
2. 班集体发展规划的要素内容
3. 班集体发展规划优秀案例学习

单元四　思则得之——在反思中提升实效（3课时）

单元目标

了解新时期建班育人工作中的重点难点、瓶颈问题，明确对自己的经验进行思考、加工、深化是反思的典型表现，尝试从不同角度对班级教育事件进行德育诊断，提高反思能力。

单元内容

（一）班主任反思力概述

1. 班主任进行工作反思的意义
2. 班主任反思水平现状与存在的问题
3. 新时期对班主任工作反思的要求

（二）提升反思力的策略

1. 勤写反思日记，养成自省的习惯
2. 系统理论学习，提升鉴别的能力
3. 开展行动研究，提高总结的技能

（三）运用反思力诊断班级教育事件

1. 班级工作诊断的要点

2. 班级工作诊断的步骤

3. 班级工作案例诊断研究

单元五　研精究微——在研究中探寻规律（3课时）

单元目标

懂得教育科学研究对班主任专业成长的意义，了解德育科研的对象、种类及方法，学习撰写科研论文，使之成为一名德育研究者。

单元内容

（一）班主任研究力的主要特征

1. 教育科学研究的含义与特点

2. 教育科研课题的选定

3. 教育科研的研究方法

（二）研究力是班主任专业成长的高速公路

1. 在质疑与批判中学会多元思维

2. 在追问与解读中生成育人智慧

3. 在总结与提炼中走向专业幸福

（三）做一个研究型班主任

1. 班主任开展科研的理论素养

2. 班主任开展科研的几种类型

3. 班主任研究成果的表达指导

单元六　推陈出新——在创新中彰显特色（3课时）

单元目标

明确创新已成为新时期优秀班主任专业发展的必要条件，树立创新意识，了解创新思维的有效性，掌握建班育人的创新艺术，优化心智模式，激发革新创造的愿望，形成自身的班主任工作风格。

单元内容

（一）开启创新思维模式

1. 定势思维与创新思维

2. 创新思维的视角与品质
3. 创造性解决问题的思维工具介绍
（二）激发班主任创新原动力
1. 影响班主任创新的因素
2. 创新型班主任必须具备的素质
3. 破除“为创新而创新”的误区
（三）在创新变革中彰显专业特色
1. 班集体建设的创新艺术
2. 学生个体教育的创新艺术
3. 在自我专业剖析上提炼特色

单元七　上善若水——在示范中引领辐射（3 课时）

单元目标

明确优秀班主任示范辐射需具备的心理品质和专业技能，初步了解班主任带教课程的设计、实施及管理，尝试设计班主任带教方案，使之初步具备指导和培育青年班主任的能力，发挥其引领辐射作用。

单元内容

（一）团队引领者心理基因解码
1. 与人为善
2. 追求卓越
3. 知人之智
（二）班主任在示范辐射中提升能力
1. 如何点评一堂公开课
2. 如何开设一场德育讲座
3. 如何组织一次德育研讨
（三）班主任带教课程的设计与管理
1. 带教课程需解决的问题
2. 带教课程的内容体系与方案设计
3. 带教实施与过程记录

单元八　落地开花——在实践中总结经验(3课时)

单元目标

卓越班主任是通过制定清晰的愿景目标，通过实践进行总结，逐步实现建班育人的经验和特色。通过本单元学习，初步掌握如何制定清晰可行的愿景目标，如何克服挫折和障碍达成目标，如何提炼总结梳理经验和特色。

单元内容

(一)善于制定目标

(二)勇于突破障碍

(三)勤于提炼总结

单元九　以言动心——在沟通中形成合力(3课时)

单元目标

初步了解班主任与学生、家长和同事沟通中的方法和技巧，使之明确面对不同沟通对象采用恰当合适的沟通方法，才能发挥沟通协调效果，从而形成合力，发挥教育效能。

单元内容

(一)如何与学生对话

(二)如何与家长对话

(三)如何与同事对话

单元十　格物致知——在体验中完善自身(3课时)

单元目标

卓越班主任要不断提高自身的感受力，在实现人格完善的同时，感染并影响学生，实现做学生人生导师的责任。本单元初步了解卓越班主任完善自身的三种主要途径和方法，感受“阅读”“行走”和“写作”带给班主任成长的力量。

单元内容

(一)在阅读中丰富人生

(二)在行走中拓宽人生

(三)在写作中温暖人生

专业发展力求突破瓶颈，怎么办？

——在内驱力中走向卓越

范　莉

班主任是学校重要的教育岗位，班主任工作成效直接关乎学生的健康成长。因此，不断提升班主任建班育人能力水平，争做卓越班主任应该成为每一位班主任努力的目标和前进的方向。但不少班主任在繁琐的工作中磨耗了精力和激情，缺乏内在自我驱动力，陷入日复一日的简单工作中，建班育人的效果不甚理想。本文将和大家一起了解班主任工作内驱力的核心要素及其在班主任工作中的作用，探寻当代全国知名班主任主动成长、追求卓越的内在动力，通过自我规划、自我激励，唤起班主任专业自主发展的内驱力。

小剧场

最近遇到一名资深班主任，她已经在班主任岗位上工作了近20年，在区域内也算小有名气。得知她打算不做班主任，我甚是惊讶。究其原因，一是因为工作原因，觉得班主任工作事务繁忙，太琐碎，既要完成学校交办的各项任务，还要做好家校沟通工作，有的家长很挑剔，总对班级工作指手画脚，觉得甚是心烦。二是因为职称评审遇到阻力，特别是论文和课题研究上没有成果，每次提笔写论文不知从何入手，觉得自己的班主任工作只停留在事务型上，很难有所突破。

听了她这番“掏心窝”的话，我相信不少有志于班主任专业发展的资深班主任也会有共鸣，班主任在专业成长的道路上该何去何从，这确实是一个值得思考的问题。

探照灯

一、工作繁多，难以取舍

班主任日常工作繁多，学校诸多教育教学工作都需要通过班主任这一岗位进行贯彻实施，千条线万条线，最终都要穿过班主任这根线。班主任忙着管理班级，忙着完成上级布置的各项任务，应顾不暇，长此以往，陷入事务堆里，感觉事情越做越多。那么多的工作，件件都重要，难以取舍，逐渐觉得心烦。

二、视野狭窄，难以突破

小学班主任是坐班制，一早进校就要进班，一天主要的工作时间以教室为主。虽有外出培训机会，但也是少之又少，长此以往，社会交往面比较狭小，视野不够开阔，会逐渐陷入因循守旧中。

三、分身乏术，难以兼顾

班主任在校时间主要用于教育教学，可以用于反思研究的时间少之又少。回家后，要兼顾到家庭和子女教育，更没有时间可以用在专业研究上。时间和精力基本用在学生和子女身上，难以再兼顾自己的专业发展。长此以往，班主任们往往以应付任务为主，对于班主任工作缺少思考和研究，专业发展更无从谈起。

知识库

一、消除职业倦怠

相关研究表明，教师、医护工作人员等这类从事助人行业的职业中，当助人者将个体的内部资源耗尽而无补充时，就会引发倦怠。职业倦怠最明显的就是让人觉得没有目标，效率低下，更有甚者会引起心理疾病。当我们感觉到自己面对工作觉得心烦时，就要考虑到是否出现了职业倦怠。如果确实是出现了这种情况，就需要学会自我调节，尽快消除职业倦怠。适当减少工作量，放低对自己的要求，先把重点工作做好，学会给自己放个假，听听音乐，舒缓情绪。我们有很多方式减缓压力，消除职业倦怠感。

二、学会统筹安排

想带出一个优秀班集体，班主任一定要学会统筹安排。忙于应付的班主任面对各项工作时，条件反射先是去完成，而不是先思考。其实班级工作虽然面上看有分有合，其实都有着千丝万缕的关系。因此，作为一名班主任要学会统筹安排，而不是一股脑儿去做完。班主任要根据工作之间的内在关系、轻重缓急，进行合理安排，减少低效工作，从而提升工作的效率，使工作更有价值和富有意义。

三、唤醒内在驱动

我们经常会说，发挥学生的自主性。同样，作为一名班主任，只有发挥自主性，才能走向专业的发展道路。自主，就是要唤起内在动机，做班主任的意义和目的是什么？是学校安排我做，还是我要做？这些工作是上级布置不得不做，还是自己觉得有意义值得做？因此，无论是是在实现梦想的道路上还是完成具体的某件事，内在动机都是行为的源动力，时时提醒“不忘初心”，才能想清楚做明白。

百宝箱

一、明确意义，积极面对

班主任是一个工作岗位，更是一份事业。身为班主任，不能矮化自己的职业。对班主任工作重要性的理解和认识将有助于自己进一步明确发展目标。有学生曾对我说：“我一天差不多在学校八个小时，回家到睡觉大概四个小时，看到您的时间多过看到妈妈的时间。”可见，班主任对于学生而言是多么重要。刚踏上工作岗位时，年轻教师对班主任工作充满了热情和好奇，但随着时间的推移，许多班主任熟悉了班级管理的流程，就陷入一日日的重复中，往往就失去了对这份工作的兴趣。特别小学段班主任往往以女性居多，有时工作和家庭难以兼顾，慢慢就会陷入到职业倦怠中。

张万祥老师在《31位名班主任的精神修炼之旅》一书的序言中写道：“班主任工作千头万绪，而最根本的任务就是引领青少年的精神成长，使之成长为追求真善美的一代。”这提醒我们作为班主任，面对班级和学生出现的问题，要细致耐心地进行分析研究，用一把钥匙开一把锁，而不是机械重复劳动。

二、确定目标，学会规划

我们既要从学生身心健康成长的角度来看待班主任专业成长的重要性，同时也要从个人发展的需求来看待。近年来，教育行政部门对班主任工作越来越重视，特别是在评优、职称评审等方面向一线班主任倾斜，鼓励更多的班主任走向专业型班主任、专家型班主任。

作为班主任个体而言，首先要对自己的班主任专业发展有所规划，如以小学班主任职称发展规划为例：第一个五年是职初成长，班主任们往往充满对工作的热情和憧憬，从年龄上来说，与学生的年龄相对接近，容易走近学生，与学生打成一片。年轻班主任有年轻班主任的优势，热情活力有创意，侧重于在实践中熟悉班主任管理的方法和技能。从小学教师的职称评审来看，这个五年需要解决小学一级职称。第二个五年是成长期，要完成向成熟型班主任的转变。比如班级管理规范有序、班风好、学生主动性强等，争取评上小学高级职称。第三个五年是专业成长期，要思考自己带班的特色，通过实践研究的方式，对自己的班主任工作加强研究和思考，争取评上中学高级职称。第四个五年是要成为专家型的班主任。将所学所思与实践融会贯通，形成完整的班主任管理特色，向正高级教师的目标努力。班主任在专业成长的过程中，不断提升自己建班育人的能力和水平，最终在学生的成长过程中得以体现和显现，这是一件多么有意义的事情。

三、客观面对，不要求全

人无完人，班主任工作也是同样的，我们不可能把工作做得尽善尽美，但可以努力向更好前进。今天比昨天有进步，这就是我们班主任努力的方向。

班主任专业的学习特别要注重师德的提升，因为对象的特殊性，我们一定要加强日常师德师风的自我修炼。每个人都有自己的个性，对情绪管理的能力也各不相同，但是面对学生，作为班主任一定要有这样的认识，那就是自己就是学生在学校最温暖的港湾。批评是需要的，但能否努力做到鼓励多于批评。如果确实话说得不合适，能否做到事后给学生道个歉。

记得曾经有一个特殊学生，调皮捣蛋，学习成绩也很不理想。当时我用尽了浑身解数，又是谈心又是鼓励但总不见效，我特别质疑自己的能力。著名班主任黄静华老师告诉我，不要总盯着学生的问题看，要看学生哪里进步了，今天进步一小步，就是学生的成功，也是做班主任的成功。听了黄老师的这番话，我认识到，教育不是一蹴而就的，我们听到了许多成功的案例，以为教育充满了神奇的魔力，但轮到自己身上，却发现原来并非如此。事实上，优秀班主任分享都是自己成功的案例，但他们也是在一次次失败之后才总结出适合自己，适合学生的方法。所以失败是通往成功的必经之路。当我们遇到困难的时候要学会放松自己，今天的方法不奏效，放一放，明天再来想。

学会统筹。作为班主任，对于各项工作也要学会智慧地做。特别是把班级特色和上级相关工作进行整合，如果既要完成学校活动，又要完成班级活动，这样不仅自己很累，学生也很累。做任何工作都要想明白，班主任工作的出发点和落脚点都是学生，让每一个学生在班级中健康成长，体现班级管理的实效。

四、善于学习，不断积累

一个好的班主任一定是善于学习的。如今微信使用特别便捷，各类公众号铺天盖地。作为班主任要学会从网络资源中寻找自己需要的方法和经验，学会"在巨人的肩膀上站立"。比如课前两分钟预备铃工作，微信上一搜，借鉴好的做法。当然由于班级情况不同，对借鉴来的方法要有所调整，以便适用于班级。向书本学是捷径，我们可以多看看名师专著，如魏书生老师的《班主任工作漫谈》、于永正老师的《我的教育故事》、黄静华老师的《班主任日记》等书，我都反复翻看。在书本中，既能感受到教育大师们对教育工作和对学生的热爱，又能学到许多实用的好方法。向身边的榜样学，"三人行必有我师"，学校的同事，工作的同行都是学习的榜样，永葆谦虚的心态，不断从他人身上汲取成长的养分，最终实现专业成长。

要成为一个专业型班主任一定要善于写。先从能写的开始，每天记录教育随笔，成功的失败的，有趣的沮丧的。在写的过程中，发现管理中的问题。其实，只要坐下来开始写，就已经成功了大半。我们会发现最难的就是坐下来的这一刻。每个人有不同的写作方式，有的人喜欢先列提纲再写，有的人喜欢先写再梳理。我属于后者，打开电脑想到什么就写什么，写着写着就有思路了。虽然自知研究水平还需要提高，但至少写作不停歇，就值得为自己喝彩。通过写教育故事、教育经验，从中梳理，反思问题，进而改进再实践，形成一个螺旋式上升的专业成长路径。学思相长，实践加反思，不断提升自己建班育人的能力和水平。

智慧树

平凡中求卓越　创新中图发展

——个人五年专业发展规划

（2021年——2025年）

个人五年专业发展规划

现状分析	优势	1. 喜欢班主任工作，喜欢和学生打交道。 2. 善于与家长沟通，善于和他人合作。 3. 学习能力较强，文笔较好，擅长讲演。
现状分析	不足	1. 统筹能力不够，时间管理不科学，效率较低。 2. 理论学习不够，特别是儿童心理学方面的了解比较欠缺，属于经验型班主任。 3. 科研能力不够，对于问题思考还停留在表面，不够深入。

（续表）

<table>
<tr><td rowspan="2">发展目标</td><td>总体目标</td><td>成为具有研究力的实践型班主任</td></tr>
<tr><td>分阶段目标</td><td>2021 年度
1. 梳理早期班级管理特色经验，完成课题研究报告。
2. 围绕目前班级的发展现状，以问题为抓手，确立研究课题。
3. 初步建立团结向上的班集体氛围。

2022 年度
1. 课题研究启动，专家论证后实施。
2. 培养会合作会分享的班集体。

2023 年度
1. 课题研究实施。
2. 积累课题研究成果。
3. 创建区“红旗中队”。

2024 年度
1. 课题中期汇报，专家论证再实践。
2. 梳理课题研究成果。
3. 创建市“红旗中队”。

2025 年度
1. 课题总结汇报。
2. 课题研究成果整理成册。
3. 形成班风正的班集体</td></tr>
<tr><td>项目措施</td><td colspan="2">1. 每天半小时阅读时间，写 100 字阅读体会。
2. 每天半小时写作时间，写 1 000 字教育体会。
3. 每月写一篇 3 000 字左右的教育案例，争取发表。
4. 每年完成一个小课题研究，形成过程性资料。
5. 将五年课题研究整理成书，争取出版。</td></tr>
</table>

练兵站

根据自己的优势与不足，确定发展目标，制定一份适合自己的职业发展五年规划。

作者简介

范莉，上海市实验学校。曾获上海市园丁奖，上海市家庭教育先进个人，上师大系统优秀党员，上海市德育实训基地优秀学员等荣誉。主持的课题获得国家教师科研基金会“十二五”阶段成果一等奖；参与的两个课题分别获得2018 教育教学成果全国一等奖、2018 教育教学成果上海市二等奖。主持市级课题两项，区重点课题一项。参与出版多本德育专刊，参与市、区多项德育项目实践和研究。

提高班主任理论素养，怎么办？

——在学习中增强底气

郭海燕

随着素质教育的实施和新课程改革的推进，对班主任自身素养和班级管理能力提出了许多新要求。但是目前班主任管理存在一个普遍现象就是重实践、轻理论。如何解决这一突出问题？这就需要我们班主任在做好本职工作的同时，还要勤于学习，努力钻研，不断充实自己的专业知识，不断扩充自己的知识结构。新时代背景下，唤醒班主任学习意识，提升班主任学习能力，是班主任专业发展的必然趋势。

作为德育管理者，笔者在实际工作中发现，每次组织开展班主任校本研修或培训，班主任们学习的积极性和参与的主动性，都不如实务培训，突出的表现就是人在心不在：有的忙着用手机和家长联系，有的心不在焉提不起精神，有的索性借口家里有事请假。平时大家交材料都比较积极，但一碰到要交学习心得或者小课题小论文时，大家都表现出畏难情绪，总是请求上交时间再延后一些。班主任在培训过程中情绪较低落，职业成就感低。有的班主任甚至提出能否“卸任”班主任一职。他们认为班主任工作太过繁重，除了自己的教学工作以外，还要负责班级的常规管理、安全防范、心理健康、道德教育等等，事无巨细、琐碎繁杂。在抓教学的同时，班主任相关工作一个都不能少，一个都不能放，大家在时间和精力上越来越感觉力不从心。

探照灯

是什么原因，导致班主任对专业学习态度消极呢？

一、工作繁琐，缺少正确认识

从班主任个体来看，班主任工作的确非常繁琐，每天除了正常的教学工作以外，更多的就是处理班级各项琐碎的小事，同时还要应对学校各类检查和评比。工作繁复导致很多班主任没有时间静心思考，无法真正意识到进行系统的专业理论知识学习，能有效指导自己的班主任工作，持之以恒的理论学习，是从经验型班主任向专家型班主任转变的重要基石。

二、形式单一，无法激发兴趣

从学校管理来看，学习和培训的形式比较单一，并不能激起班主任们太多的学习兴趣。特别是理论知识的学习比较枯燥，很难引导班主任们认真聆听和学习。培训过程中缺乏有趣、有益的互动活动，无法使培训效果事半功倍。

三、家庭与工作，难以平衡时间

年轻班主任大都有了家庭，有了孩子。白天要完成教育教学工作，下班回家后，还要照顾家人的生活、关注孩子的学习，有时还要回复家长的短信。各种琐事的羁绊，很难有时间研读专业书籍，更别说动笔撰写文案。

知识库

一、在知识中“充电”

在知识更新加快、传播渠道多样化的今天，如果班主任没有学习的内驱动力，只凭经验来管理班级、教育学生，那么就会日渐远离作为教育工作者的成就感和幸福感。班主任只有不断更新知识，才能适应社会对教师的要求。渊博的知识积累，不仅是班主任自我完善的要求和从事教育教学工作的保证，而且还是班主任业务水平的标志，影响力的源泉。

二、在兴趣中“丰满”

班主任要有不断尝试新事物的学习力，丰富自己的兴趣爱好。面对不同需求的学生，用兴趣爱好快速缩短师生之间的距离，彼此会感到更融洽。性格开朗、兴趣广泛、热爱生活的班主任，和学生的共同话题就会多，能更快速地取得学生的信任，便于做深入细致的思想工作。

三、在实践中“锻炼”

实践是认识的基础，也是提高班主任能力的基础。教学和教育工作是班主任最基本的实践活动。班主任的许多优秀的思想道德品质和组织管理能力，都是在教育实践中，通过自己磨炼或教学相长而逐步形成的。因此，班主任要注重在工作实践中磨炼意志，在“想干事、会干事、干成事”中提高自己的能力和水平。

四、在反思中“前行”

反思是一种学习，而且是一种更深刻的学习。道德修养是班主任内在的一种素养，但它的外在表现形式则是班主任的教育行为。对教育行为的反思就是班主任对道德修养的思考。具备这种学习能力的班主任，面对各种育人难点、痛点问题时，就会多一份底气，少一份担心；多一份智慧，少一份无奈。

百宝箱

孔子说：“学而不厌，诲人不倦。”做班主任也要不断学习，这样，在教育学生的时候才能游刃有余，不感到心累。只有通过不断学习，班主任才能具有深厚的教育理论造诣、丰富的班级管理、实践经验、宽厚的文化素养，良好的人格修养以及协调各方面教育影响力，才能具有灵活机智和精湛的教育艺术。

一、转变认识：从“被培训者”转向“主动学习者”

班主任要有迎接高科技挑战的素养，要有领悟人生智慧的素养，要有适应社会变迁，文化交流和人际交往的素养，要有谋求发展的素养。而具备这些素养的重要体现就是要有一个比较完整的知识结构来充实自己，使自己具备有比较系统的政治理论知识，又要具有厚实的专业基础知识。对于这些知识和素养的获取，班主任要有“破圈”的勇气和行动，从“被培训者”转向“主动学习者”。首先，班主任要清晰专业学习的意义。其次，班主任要有主动学习的意识。再次，班主任要养成实践—思考—再实践—再思考的习惯。最后，班主任要抓住一切学习培训的机会，主动申报，主动报名。

二、改变路径：学习从“单一”走向“多元”

班主任必须增强与时俱进的学习意识，坚持学中干、干中学，努力提升自己的学习能力，以跟上日新月异的新时代，适应千变万化的新情况，应对错综复杂的新局面。学习方式一般有：自主学习、专题讲座、小组研讨、教学观摩、参观考察、专项培训等。多元的学习路径，能快速提升班主任的专业素养，让学习成为一件有意义且有意思的事，进而有效促进班主任专业发展。班主任在多元化的学习中不断开拓与探究，以唤起自己的工作热情，激发班主任的工作积极性。

三、调整方法：从“被接受”到“主动探索”

在日常工作中，我们也发现，有一部分班主任在学习和培训时是非常认真的，工作也勤勤恳恳，收获了很多专业知识和经验。但是在实际工作中，成效并不明显。探其原因，这样的学习是“被接受”型的，尽管班主任态度是好的，学习是积极的，但效果一般。班主任的学习力，强调的是“主动性”，体现在：第一，班主任对于各类文件的学习、专著的研读一定要做到真正理解，内化于心。第二，对于他人的经验和成果，不能生搬硬套，要结合自己的特色和特点，巧妙迁移，外化于行。第三，对于自身的工作，要有自我反思的意识和能力，更新迭代，与时俱进，逐渐形成鲜明的个人管理特点。三者互相作用，持之以恒，才能提高班主任的学习能力。担任班主任的大多是学校中素质较高、责任心较强的优秀教师，在班级建设与管理上有较强的责任心和对学生的热爱。因此，通过高效的学习和培训，让班主任工作更加专业，有了爱与专业双轨并行，相信每一位班主任都能找到情感工作中的归属感和价值感。

智慧树

探索创新，务实高效

——班主任校本培训方案

一、主题与背景

班主任是学校德育工作的中坚和骨干；是使学校内部各种力量形成合力的纽带；是沟通学校、家庭、社会三种教育渠道的桥梁。在班级中，班主任是班级的组织者和指导者，是学生成长过程的教育者、引领者。由此可见，班主任在学校中担任着特殊的教育角色，这就要求班主任要有较高的修养，即在政治思想上、道德品质上、业务水平上、工作能力上、教育艺术和管理能力上应达到一定的程度。因此，班主任校本培训必不可少，且至关重要。而随着时代的变化，培训目标、培训方式、培训效果等方面对德育管理者提出了更高的要求，对班主任来说也是一个不小挑战。

二、培训目标

1. 促使班主任转变教育观念，提高教育管理能力。

2. 促进班主任教育创新能力和教育科研能力得到全面提升。

3. 提升学校班主任队伍的整体素质，促进班主任专业化发展。

4. 努力造就一支师德高尚，结构合理，业务精良，胜任班主任工作，适应素质教育要求的，充满生机活力的班主任队伍，为全面提高全员德育水平和质量奠定基础。

三、培训原则

1. 针对性原则

以班级和教师的实际需求与发展为出发点，多种途径，多种形式，多种模式开展培训，有针对性地解决班主任工作中现实的和未来的问题。

2. **时效性原则**

避免形式主义与空洞说教，班主任的教育教学实践以问题为中心，着眼于理论、操作方法和教学管理实际相结合。

3. **系统性原则**

以学校整体发展为本，注重培训的系统性，以达到提高班主任队伍的整体水平。

4. **自主性原则**

学校自主培训，自主管理。班主任自主学习，自主发展。

5. **开放性原则**

校外注重集团校之间的合作与交流，校内实行教学、教研培训的有机协同与组合，教师之间积极讨论与交流，互助互学。寻求校外专家、学者的业务指导，依托现代信息技术实行开放的校本培训方式。

四、培训时间

双周周一上午9：30—10：30

五、培训内容

模块	内容	形式	作业
师德	学习于漪老师的先进事迹	观看视频	撰写学习心得
	学习上海市“十佳”班主任事迹	视频	小组交流
实操	家班共育	情境演练	现场交流
	劳动教育	情境演练	现场交流
研训	如何撰写学生评语	讲座	撰写学生评语
	如何做一名科研型班主任	讲座	申报课题
	学习《中小学德育指南》	小组学习	问卷答题
	学习《班主任工作N个怎么办》	自我研读	小组交流
访学	兄弟学校参观学习	参观	小组交流

培训内容围绕转变班主任教育观念，提高业务素质和管理能力这一目标，把师德教育放在首位，提高班主任教育管理创新能力，全面提高班主任队伍的整体素质。

六、培训成效

1. 进一步建立健全班主任培训制度及班主任培训的基本模式。

2. 引导班主任理论联系实际不断总结经验，大胆探索，逐步完善并形成自己独特的班队工作风格。

3. 提高全体班主任的工作水平，优秀班主任达 85%。

4. 班队集体建设成果显著，校级优秀班队集体达到 70% 以上。

5. 建设好班主任学习型组织，形成浓郁的校园学习文化氛围。

练兵站

请根据学校要求，制定一份班主任个人专业发展学习规划。

作者简介

郭海燕，上海市实验学校，曾获得浦东新区教育署暑期工作优秀工作者；浦东新区优秀少先队大队辅导员；上海师范大学"三八"红旗手称号。

遇见新时代背景下诞生的育人新问题，怎么办？

——在规划中实现愿景

陈颖佳

在工作中，经常听到担任多年班主任工作的老师会有这样的感叹：唉，现在的学生越来越难教，现在的家长越来越难沟通。在社会转型期的当下，由于各种教育思潮的涌出，人们对教育的期望值日益增高。作为班级掌舵人的班主任们自身的规划力至关重要，因为规划力是一种战略能力，是一种持续能力，更是一种智慧能力。班主任如何运用好规划力，学会系统思考方法，改善思维方式，实现打造优秀班集体的愿景，提高班集体建设的专业技能，从而有效解决新时代背景下产生的育人新问题，希望本文能给优秀班主任带来启发和思考。

小剧场

张老师是一名具有15年班主任工作经历的资深班主任了，自从担任班主任工作以来，她用自己的爱心和恒心获得了家长的认可，学生的喜爱，多次获得“优秀班主任”称号。可近年来，班级里出现了一些新问题：对于班主任布置的非学科类作业，总会有个别学生不太重视，不做或忘做，也时常有家长越俎代庖，替孩子完成查资料、设计主题小报等，因为他们认为这样的作业对孩子提高学科分数意义不大，不如为孩子挤点时间出来学习。假期里，张老师想组织学生开展社会实践活动，但有家长会以各种理由请假，主要原因是他们为孩子安排了满满的补习，时间上有冲突。评选小干部，不少成绩优秀的学生选择放弃竞选，理由是做了小干部要为班级服务，费心费力，还会影响到自己的学习和娱乐。当学生做错了事，张老师对其进行教育时，学生往往会用"活着没意思""不想读书了"等话"吓唬"老师和家长。家长听后反过来给老师施压，不希望被批评……

探照灯

这样的德育困境究竟是如何造成的呢？

一、家长重智轻德育

近年来，家长空前地重视孩子的学业成绩。重视智育无可厚非，谁不希望自己的孩子聪明呢？但是他们忽视了孩子的品德教育和个性教育，他们认为家里人都是循规守纪的，孩子也一定会好的，不需要教的。有些家长即使发现了孩子表现出来的一些不礼貌、任性、暴躁的行为，也觉得没有什么大不了的，到了学校，老师一教就会了，等孩子大了懂事了也自然会好的。

二、学生抗挫能力弱

当代学生见多识广，个性突显，很有主见，但抗挫能力弱，他们中，有的不愿意看到自己的不完美，争强好胜；有的不愿意面对挫折和失败，选择逃避；有的不在乎别人的眼光，我行我素；有的责任心不够，一遇问题就会各种推卸。让老师的引导和指正较难推进。

三、时代发展需求多

新时代的班级管理，因时而异，因事而异，因情境而异，需要老师有整体性、艺术性和协同性。张老师虽然是一名资深班主任，有丰富的管理经验，但是如果不明确班级管理的目标，单凭经验和主观意愿处理问题，容易造成班级建设目标不清晰，育人路径不明晰，出现各种育人新问题。作为教育主体的学生，存在着一定的复杂性和特异性，他们表现出各种自身需求和个体愿望，若不及时地把个体目标放到班集体大目标之中就无法实现共赢，班级的发展就会停滞，随之而来的是各种问题的涌现。老师常常会出现无计可施、无能为力、听之任之的尴尬。

知识库

面对社会新环境下产生的这类德育新问题，原因之一是班主任在做规划时容易忽略以下几个问题。

一、由碎片走向整体

实际工作中，较多班主任并未能形成构建整体构架的思维模式，工作计划的碎片化，导致班主任就像消防员，哪里有问题就扑向哪里，整日忙得不可开交，但实际效率又不高，各种碎片化的教育，增加了育人成本，同时也降低了班主任职业的幸福感和成就感。

做好班级规划的顶层设计，整体构架，由碎片走向整体，是现代化管理的基本要求。班主任要主动求变，学会用发展眼光，大局观念、整体意识，以创新的方式去创造结果，去追求班级更好的发展。

二、由点状走向结构

班主任自身不明确班级管理的目标，单凭经验和主观意愿处理问题，形成点状化的班级管理，容易出现各种育人新问题。

在大德育观念的引导下，随着班主任管理经验的不断积累，班主任已经具备一定思考力和研究力，能将班级德育工作进行整合和再构建，使德育工作具有整体性和结构性，这是提升班主任规划力的核心。班主任要围绕《中小学德育工作指南》中的五大德育内容，将各项德育工作进行结构化统整，创设多渠道、多途径、多方式的班级管理构架，达到优化班级环境，提高学生素养的总目标。这样的规划才能让学生有条不紊、循序渐进地接受教育。

三、由僵化走向发展

无论接手怎样的班级，班主任的引领能力和对待班级工作的心态，一定意义上会影响一个班级的发展。时代不一样，孩子和家长的特性也不一样，新时代背景下的德育工作，班主任要少一分抱怨，多一分理解，要顺应时代的发展，与时俱进。要改变思维方式，提高思维品质，提高执行能力，起到表率作用，这是做好班级规划的重点。班主任要根据不同学生及其家长的特点，制定出切实可行的班级规划，让这份规划能引领学生思想、帮助学生解困、监督学生自律，指导家长家校共育。

百宝箱

那么资深班主任该如何做，才能做好班级规划，优化自身思维方式，突破德育困境呢？

一、突出学生主体，明确规划目标

班主任应围绕“立德树人”的根本任务，不忘为党育人、为国育才的初心和使命，坚持以学生为本，五育并举，做好班级规划。

（一）邀请学生参与制定

学生是班级的主体，因此班主任在制定班级规划的时候，一定要倾听学生的想法和建议，发扬民主精神，邀请学生共同参与规划的制定。学生不仅是执行者更是规划者，在这个过程中，他们清楚地了解班级各项目标和措施背后的生成原因，这对于他们在后期的执行和自我管理上起到了很好的推进作用。带有全班师生共同愿景的规划，才能更好地落地，才能保证规划的可操作性，才能使学生在自主教育中成长和发展。

（二）综合分析制定目标

班级工作规划是为实现班集体建设目标而预设的实施途径，操作方法及进展方案。一份规范的班级规划，应该具备以下要素：指导思想、班级情况分析、班级建设目标及口号、内容、实施途径、预期效果等。班主任在制定班级规划时，要整体考虑以上要素，所有的内容都是为目标服务的。班级规划的目标要和学校规划保持一致。

二、创新育人载体，清晰发展路径

(一)育人载体形式多样

班主任要围绕《中小学德育工作指南》中提出的课程育人、文化育人、活动育人、实践育人、管理育人和协同育人六大育人途径，结合班级学生年龄特点，设计形式多样的育人载体，五育并举，营造良好的育人环境。如：劳动教育重实践，通过打卡、小竞赛、微视频等载体，达成育人目标。再如：班级文化建设，可以组织各种节日主题活动作为德育载体，弘扬民族精神，培养学生爱国情感。利用半日考察和小队活动，参观各类博物馆，提升学生人文素养，落实多元化评价。通过实践和创新，班主任不断丰富育人路径，从而提升学生品格，提高德育效能。

(二)育人路径相互作用

育人路径是一个实际操作的过程，它是“道路”，没有途径就无法完成育人目标。班级规划中，各类育人路径应该是相互关联和相互作用的。班主任在做规划时，要注明各类活动的主题和实施策略及预期效果或评价方式。虽然不同育人途径的载体是不一样的，但是目的性都是一致的，规划目标都是以育人为核心的。每个规划都要有针对性，有步骤、有计划地落实。

三、注重资源整体，形成教育合力

(一)统筹考虑整体设计

班级的管理从来不是班主任一个人的责任，应该是家、校、社三位一体，共同合作的，因此班主任在做班级规划时，要统筹考虑，把任课老师、家长、社区的校内外资源进行有效整合，为学生服务，从而更好地拓展教育的时间和空间，提高育人效果。

(二)聚焦热点动态生成

俗话说，“计划赶不上变化”。在实际工作中，班主任也时常会被通知落实新的育人要求。遇到这类情况，班主任不是仅仅做加法，单纯地加入新要求，而是要根据班级规划目标，对新要求进行适时调整，让它融入前期的规划目标之中，再对学生有的放矢地进行德育渗透。做到班级和学校、校内和校外、线上和线下相结合，动态生成新路径新举措，实现规划的整体性。

智慧树

一颗花种子，需要沃土的孕育，一个学生需要在班集体中进行学习、交往、劳动和社会实践活动，在活动中不断地接受思想品德教育，学习文化科学知识和社会生活的基本技能。班级是学生学习生活的平台，把班级营造成一片沃土，必然会使少年儿童的心灵受到积极的影响和熏陶，对他们的言行产生同化力和约束力，所以做好班级规划，是班主任工作的重要部分。

2020学年班级发展规划方案

一、指导思想

1. 贯彻国家教育方针，全面落实学生的思想品德、学习、劳动、生活和健康工作，建立学习档案资料，坚持正面教育和深入细致的思想工作，发挥学生的主观能动性，促使学生德、智、体全面发展。

2. 依据学校德育工作计划，结合本班实际，开展各项教育活动。

3. 配合学校"六趣"的大发展目标，培养小学生"兴趣""礼趣"和健全的人格，激励学生树立远大志向。

二、规划方案

班级名称：海燕班

班名含义：在生活和学习的天地间，"小海燕"像蓝色的精灵，勇敢地搏击风浪，尽情地展现活力。

班训：胸怀锦绣；腹有诗书

班歌：《夜空中最闪亮的星》

班级标志：

规划口号：文明其精神，健康其心理，做最棒的自己。

（一）班级情况分析

1. 构成——班级共有38名同学，其中男生24人，女生14人。其中2位同学是弹性学制留下来的新同学。男生比例高。

2. 生活——38位学生都是全日制走读，5位同学跨区来上学，路途较远。2位同学现为单亲家庭，7位同学妈妈全职照料生活。

3. 学习——大部分学生成绩比较稳定，能认真完成学科作业。班级两级分化较大，个别后进生缺乏学习动力。

4. 心理素质——缺乏自信心，许多同学遇到一点困难就退缩，等着老师去解决。

5. 班级氛围——集体意识强，能团结一致去做事，有班级荣誉感。比较内向的学生多、不善于表达，课堂上时常冷场。对事、对物缺乏探索兴趣，发现、质疑能力不足。

（二）规划目标

1. 学生养成自主学习，勤学乐思的习惯，争当文明尚礼、宽容、大度、阳光自信的好少年。

2. 打造班级团结协作，勇于创新的学风。

3. 积极参与综合实践活动，组织探究合作学习，建立丰富多彩的班级活动形式。

4. 营造良好的班级文化氛围，让班级环境和师生充满幸福感。

（三）规划内容和措施

1. 人际建设

开展以仁爱共济的关爱教育，引导学生正确处理个人与他人、个人与社会的关系，学会心存善念、理解他人、关心社会、乐于奉献的良好风尚。

（1）心怀感恩乐交流：结合教师节、父亲节、母亲节的到来，组织学生制作感恩卡给妈妈（爸爸、教师）。通过感恩卡来说说心里话，让学生了解长辈的辛苦，加强学生的感恩教育，培养学生的责任心，促进学生与父母心与心的沟通，也增加学生们参与实践活动的经验。

（2）运动会聚心力：借助实验学校一年一度校运会活动，安排好运动员、啦啦队、后勤保障处（学生、家委会）的人员工作，各司其职共同参与，为班集体出一份力，发一分光。培养学生集体意识和团结协助的力量。

（3）你点我赞进步大：每周一班会课利用 5 分钟，每个学生都说说看到的班中的好人好事好现象，并为他贴星，这样可以让每位学生都知道自己和他人的优点，多一点宽容，多一点温度，也可以让一些平时有矛盾的学生能够重新认识对方，关系和谐。

（4）取长补短共进步：学习生活中，可以运用“用兵教兵”的方式，让每个学生都有当小老师的机会让学生互相帮助，实现自我超越。

2. 幸福体验

借助学校的学习环境和开展的各项活动，搭建让孩子能自信表演的个人舞台，充分发挥家长的力量，使孩子热爱校园生活，让班级充满幸福感。

（1）借助装修一新校园环境，和学生一起深入校园，发现美，欣赏美，共同爱护身边的这份美好。班级环境建设让学生设计布局图，以小队为单位布置各个文化角。培养学生爱“大家”，健“小家”的积极性。

（2）充分利用学校科技节，艺术节，体育节，读书节四个节日精彩纷呈的活动，组织学生积极参与，让学生体验校园文化建设带来的幸福感。

（3）每月一次《我是一颗幸运星》主题队会，让学生传递爱心，表达快乐，营造好心态，提升班集体凝聚力。

（4）深化开展“好习惯储蓄银行”的活动，定期更新数据，及时奖励。培养学生好习惯的同时，提升了他们的幸福指数。

3. 修身养德

汗水铸就辉煌，特色决定高度。充满个性的规划策略能激发学生有所追求、有所向往，并督促学生产生持久的的热情，不断进取的意志力。

（1）身体素质是学习的基石，学生每天坚持 20 分钟的户外活动。户外活动时让学生来设计小游戏，并组织活动，提升运动兴趣，拥有健康体魄。

（2）落实周末实践作业，双休日邀请家长与孩子一起锻炼身体或进行亲子活动，用小视频或照片的形式交流分享，实现多路径育人工作。

（3）巧用网络。通过班级微信群，做好学校活动及时推送工作，让家长及时了解学生在校情况，有利家校共育。利用晓黑板功能，开设老师“悄悄话”信箱，更好的与家长学生沟通。“亲其师，信其道”，学生与老师亲近了，就更愿意接受老师的意见。

（4）坚持开展读好书活动，创建“书香班级”，鼓励“书香家庭”“在书本中扬起笑脸，笑脸上写满充实。”这就是我对书香班级建设的目标。该活动不仅仅局限学校，更要求延伸到课外，家庭、图书馆、网络，多渠道开展阅读活动，提高人文素养。

（5）展班级责任认领活动。在班级开展责任认领活动，让每个同学都能为班级的管理分担一份力所能及的工作，如负责收学科作业，负责植物角养护、报修损坏物品等，全班38名同学根据各人能力，分别认领不同的工作。培养他们的自立能力，解决问题的能力，更能增强学生的责任心和荣誉感。

（四）规划预期效果

1. 班级：团结进取，有凝聚力。班风正气，文明有礼。活动丰富，创建特色。

2. 学生：品德高尚，真诚友善。会学乐学，均衡发展。

3. 规划总结：

学生的成长是渐进发展的过程，这就要求班主任的工作要以学生的发展为出发点，以学生的发展为最终目标，对学生不断引导，有效落实班级规划目标。从而满足学生健康的心理需求，对学习和生活有自信。做任何事都需要持之以恒的耐心，我结合班级规划的具体实施效果，不断调整，不断改进，在反思中进步，在进步中反思，实现师生共同成长，让幸福花儿朵朵开。

练兵站

结合学校德育要求，根据班级学生实际情况，设计一份符合班级特色的，一学年的班级发展规划。

作者简介

陈颖佳，上海市实验学校，担任班主任工作15年；所带集体曾获区“优秀中队”；个人获区园丁奖、校优秀班主任称号；参与区级课题“社会主义价值观教育与家校合作相融合的实践研究”“发挥家庭积极影响促进小学生习惯养成的实证研究”等。

班主任工作实效达不到预期效果，怎么办？

——在反思中提升实效

施舜华

随着社会的发展，教育改革的不断推进，反思已成为班主任教育理论研究与实践诉求的焦点。班主任的反思，是指班主任以促进学生发展为根本目标和前提，以自身的管理实践和教育理念为审视对象，自觉主动地提升管理意识、增强实践智慧，促进自身专业成长的过程。反思是班主任专业发展的重要保证，班主任需要树立反思意识，它对班主任管理育人起到重要作用。本文以班主任如何帮助一个敏感、固执、自我保护意识很强的女生，成功取得她的信任，帮助她减少和同学之间的矛盾为例，探讨班主任如何对教育过程进行思考、加工、深化，从而有效提升育人实效。

小剧场

班级里有这样一个女孩子，文文静静的，长得又高又大。刚入学的时候，因为身高的关系，她被安排在最后一排，她很喜欢画画，不太愿意举手发言，所以更多的时候，她总是趴在桌子上圈圈画画。直到三年级，有一次因为上课不专心，被老师批评了几句，她突然失声痛哭，一整节课都没有停下来，任课老师很无奈。之后，诸如此类的事情经常在班级里发生：上课回答问题没有请到她，她会哭；偶尔一次考试成绩不理想，被其他同学笑话，她会哭；和同学发生矛盾，一定要占上风，不然就会哭，而且一哭起来就会没完没了。班主任花了很多时间安慰她、开导她，每次沟通时，她通常沉默不语，说到最后，就用几乎听不到的声音回答一句“知道了”。可她和同学之间的矛盾依然会时不时地发生，她动不动就哭的情景还是不断在重演，班主任感到有点棘手。

探照灯

一、缺乏深入了解的行动

一个十岁的孩子为什么动不动就会哭？很多时候，我们都会简单地归因为：“因为她是女孩子，大概比较脆弱吧。”既缺乏进一步的沟通，又缺乏深入了解的愿望。如果没有认真倾听学生说话，就无法了解学生真正的困惑与需求，没有找对原因，就无法找到解决问题的途径，更谈不上教育和引导学生了。

二、缺乏形式多样的方法

在学校，学生犯了错，班主任只能进行教育。怎么教育？要么讲道理，要么严肃地批评，动之以情晓之以理。当女孩子和男孩子发生矛盾的时候，往往采用的方法便是把男孩子批评一顿，安抚一下女孩的情绪。认为孩子的脾气来得快，去得也快。殊不知，这种“蜻蜓点水”的教育，是不会从根本上帮助到学生的。

三、缺乏自我反思的习惯

当自己的教育没有成效的时候，我们通常会暗自叹息，怎么会有这么麻烦的学生？却很少反思自身的问题。是不是原因没有找对？是不是方法没有对路？是不是语言不够明晰？若只是一味地责怪学生“不懂事”，很难真正地解决问题。

知识库

美国心理学家波斯纳提出：“没有反思的经验是狭隘的经验，只有经过反思的经验才能上升到一定的理论高度，并对后继行为产生影响。”因此他提出了教师成长公式：经验＋反思＝成长。面对教育问题，达不到预期效果，班主任不妨从以下几个方面进行反思。

一、思考问题背后的原因

作为小学班主任，需要具备较强的观察问题、分析问题与解决问题的能力。学生从幼儿园进入小学，他们接触到的第一个老师就是班主任，通常都会比较信任和依赖班主任，而班主任老师平时和学生接触的机会很多，能充分了解不同学生的个性，对个体进行有效地分析，考虑现象背后的原因，正确归因等，这些都会为班主任老师解决问题提供强有力的支撑。

二、寻找解决问题的途径

在了解问题背后的原因后，还必须通过有效的途径，采取恰当的方法。方法和途径是实现德育目标的凭借。班主任的德育教育对象是全班学生，他们的生活环境不同，家庭教育方式不同，身心发展不同，思想行为不同，这就要求德育教育的途径和方法要有多样性和灵活性。要做到“视其所以，观其所由，察其所安”，既要为学生解决知与不知、信与不信的问题，还要解决行与不行的矛盾，将社会要求内化为学生自己的信念，并外化为自身的行为。

三、培养反思能力的形成

班主任专业化的研究表明，反思是促进班主任成长，提升专业化水平的有效手段。班主任的反思，是指班主任以促进学生发展为根本目标和前提，以自身的管理实践和教育理念为审视对象，自觉主动地提升管理意识、增强实践智慧，促进自身专业成长的过程。或者说，反思是指班主任在自己的教育实践过程中，批判地考察自己的行为，通过回顾、诊断、自我监控等方式，或给予肯定、支持与强化，或给予否定、思索与修正，从而不断提高其效能。班主任专业成长是一个持续、动态的过程，反思能力的形成能有效地提升教育的实效性，促进班主任专业化发展。

四、依托家校共育的合力

家校共育的实质是指对学生最具影响的两个社会机构——家庭和学校形成合力对学生进行教育，使学校在教育学生过程中能得到更多地来自家庭方面的支持，同时，家长在教育子女过程中也能得到更多地来自学校方面的指导和支持。2015年《教育部关于加强家庭教育工作的指导意见》明确提出，要充分发挥学校在家庭教育中的重要作用，强化学校家庭共育建设工作。在新课改背景下，对学生综合素质的评价也提出了新的要求，这就更加需要通过家校共育方式，才能更好培育学生的综合素质发展。

百宝箱

实践告诉我们，研究型班主任也是通过对已有经验的不断反思成长起来的，他们的反思模型一般是：反思—改进—实践—再反思—再改进—再实践。

一、加强理论学习，丰富教育的方法

教育工作是一个由实践到理论到研究到再实践的循环过程，因此班主任老师忙于工作之余，加强理论学习是非常重要的。它可以帮助我们从表象的经验上升到理论修养的水平。学习越多，掌握的方法就越多，越能有效地开展教育。因此，老师们应该积极地进行有关书籍地阅读，从大量阅读中养成批判反思的意识，启迪自己的思想，增加自己的理性智慧。也能借鉴优秀教师的做法，运用到实际生活中，并结合自己学生的特点，巧妙地推进，不断修正，借而提升教育的实效性。

二、撰写班级日志，养成自省的习惯

面对班级里纷繁复杂的事务，撰写《班级日志》是一个极好的办法，有利于从小事中归纳总结问题的成因。特别是一些有共性的问题，往往可以从记录的小事中找到共通之处，便于一起解决。教育推行受阻的时候，班主任老师可以从自身的观念出发，转换角色，从言行和方法等几方面反思。这样，在反思中寻找解决问题的出路，并探寻建构具有自身特色的教育方式方法，能促使自身的专业素养不断提升。

三、开展行动研究，提高总结的技能

班主任要有意识地加强与学生、学生家长、同伴群体以及教育专家等的交流与沟通，主动构建交流机制，拓展交流渠道。每学期写一写教育心得，总结一个

学期以来成功或不成功的案例，或者追踪班级某一个学生，记录他的点滴变化，反思教育中值得推广的方法或者缺失的地方。在期末的班主任会议上，和同事们一起交流得失，也是一个很好的促进专业成长方法。另一方面，班主任还可以与文本进行“对话”，这种对话是指班主任在广泛涉猎各类文献的基础上，与文本中的知识与信息保持一种沟通的姿态，从大量阅读中养成批判反思的意识，启迪自己的思想，增加自己的理性智慧，从而更好地改进班级管理实践，促进专业成长。

智慧树

我心换你心　真心伴成长

体育课下课，学生们跑到我办公室，七嘴八舌地告诉我，张同学又和几个男生发生矛盾了，还动了手。又是她！我想到她接下来的表现，实在有点头疼。等我走到教室，果然张同学趴在桌上哭，整整十分钟，还没有停下来的迹象。为了不影响下节课，我只好把她请进了办公室。好不容易等她平静下来，我想了解一下事情的始末。她突然冒出来的一句：“都怪您！”让我一下愣住了。“您说不要和男孩子打来打去，可是他们招惹我，我实在忍不住了，就动手了。”说完又“哇”的一声大哭起来。“怪我？”我又好气又好笑。

就是这么一个孩子，三年级开学一个月以来，几乎把班级里所有的人都“得罪”了一遍。她的东西不能碰，她的问题不能说，但凡她和别人发生矛盾，胜利最后一定要属于她，不然就会不停地哭。为了帮她解决和同学之间的矛盾，找她谈过几次话了，希望她大度一点，凡事不要斤斤计较，谈的时候她表现得很能接受，可是没几天又故态重演。问题到底出在哪里？我暗自留心，将她的表现记录下来，经过分析后发现这么多矛盾中，她并不是那种会主动招惹别人的孩子，但遇到事情寸步不让。难道她天生就是这么一个“小气”的女孩子？

直到有一天，她和一个女生在下课时为了一点点小事发生了口角，进而引发肢体冲突。正好我路过教室，喊停了她们。她像一头发怒的小狮子，理直气壮地大喊：“我妈妈说的，谁打了我，我一定要打回去！”哦，我恍然大悟，事情的症结在这里，看来之前我的安慰和劝解并没有能够帮助她正确地应对问题。

接下来的几天，我请班干部们帮忙，根据之前班级日志上记录的事，编排了一些情景重现。在一周后的班会课上，就以“同伴之间”这样一个主题，展示并和同学们分析，哪些行为是无意的，哪些行为是故意的。面对别人无意地冒犯，并没有对我们造成伤害，我们可以接受对方的道歉，并大度地原谅对方；如果对方是故意的，我们需要大声地将自己的不适告诉对方，态度要坚决，表达要清楚。若对方一而再再而三地挑衅，可以向老师求助。课后，我又单独找她聊了聊，把应对的办法再一次教给了她。暗自观察了几日，发现还是有点作用的。没想到今天又发生了这一出。

今天和张同学发生矛盾的是严同学，班级里最小最调皮的那个。我绝对相信，挑头的一定是小严。经询问，事情果然是这样的。在我把小严等几个男孩子狠狠批评了一顿之后，张同学的情绪也平复了很多。她低着头向我道歉：“对不起，施老师，刚才我不应该说‘都怪您！’可是您说不要和男孩子打闹，特别是比我们弱小的人，在家里，我的弟弟太让人讨厌了。”说着，眼圈又红了，“爸爸妈妈说不能打弟弟，他弄坏我的画笔，撕坏我的书，还踢我，我都不能还手。他们总说，弟弟还小，要保护他。您也说不要随便动手打人，可是小严一再挑衅，我实在忍不住啊！”说着，低下了头，又默默地哭了起来。

这天放学，我和小张的妈妈相约见了一面，一方面将学校发生的事和她进行沟通，另一方面，我也委婉地表达了，希望爸爸妈妈能在家处理好姐姐和弟弟之间的关系。妈妈有点尴尬地表示，姐弟俩从小关系很好的，姐姐也很照顾弟弟，今年弟弟读幼儿园小班了，不知怎么的，变得顽皮起来，的确在家会有争吵。但她没有想到会影响到她和同学之间的关系。另外她也表示会把我的建议和爸爸转达，今后也会注意方式方法的。得到妈妈的正面回应，我非常高兴。

之后有一天，小张悄悄地跑过来告诉我，弟弟昨天晚上被妈妈揍了，因为弟弟朝她吐口水。爸爸还帮着弟弟，不过没关系，妈妈很爱她就够了。说完还用力地抱了抱我，笑着跑开了。

练兵站

如果班级里有小朋友总喜欢招惹别人，比如偷偷地藏起同桌的文具，午休的时候静不下心来，总喜欢用脚去踢同学的凳子等等。虽然没有恶意，但因为往往把握不好分寸，导致对方激烈反击，最终不欢而散。请根据班级的实际情况，对类似事件写一篇应对方案。

作者简介

施舜华，上海市实验学校，担任班主任工作20余年，曾获上海市金爱心教师三等奖，参与“发挥家庭积极影响促进小学生学习习惯养成的实证研究”课题，获区级二等奖。

借助科研助力班主任工作，怎么办？

——在研究中探寻规律

陈　燕

成熟型班主任有着丰富的班级管理和育人经验，善于处理班级里发生的各种事件和突发情况，只是在日复一日繁琐而忙碌的工作之余，往往会缺乏对班主任工作的深度思考，不能把已有的经验上升到理论水平。研究能力的提升能有效地助力班主任的专业成长，让他们在不断的思考、总结和提炼中把优秀的经验系统化、科学化，从而更好地解决教育中的实际问题。

小剧场

又到了每月一次的班主任校本研训活动，班主任们准时进入会议室。青年班主任陆老师用视频动画的形式，分享了她的案例——“心惊胆战的课间十分钟”，她困惑于该如何让班级学生在课间十分钟既能得到充分的休息，又能避免发生危险事件，让人不“心惊胆战”。成熟型班主任要抓住关键点，通过层层的“追问”，很快理清了事件的来龙去脉。在建言献策环节，大家你一言我一语，纷纷为陆老师支招，好多方法都是老师们已经在自己班级开展且行之有效的。活动主持人觉得大家提供的经验非常好，值得更深入地研究，于是提议大家开展课题研究，没想到原来发言热烈的会议室一下子安静了，大家低下头，谁也不接主持人的话题，气氛顿时陷入了尴尬。

探照灯

是什么原因造成这些成熟型班主任对科学研究有为难情绪?

一、机制考核中偏重学科

在学校的考核指标中，科研往往都放在加分项而不是基础项，这使得一些班主任错误地认为科研不是必须的，加之成熟型班主任在学科教学上大部分都是骨干，教学任务繁重，同时开展班主任工作和学科教学科研很难兼顾，往往会更倾向于学科研究。

二、态度观念上看重实践

很多成熟型班主任认为只要具备育德意识和能力，兢兢业业做好班级建设，管好班级学生，完成常规性工作就可以了，科学研究是专职的教科研人员的工作，没有意识到教育活动和科学研究是相辅相成、相互促进的关系。

三、研究方法上缺少指导

很多班主任有着丰富的经验积累，也有研究的意愿，刚开始时踌躇满志，可是随着科研工作的开展，过程中遇到了这样那样的挑战，例如不会设计课题方案，缺少相关领域的核心知识，缺乏对研究方法具体运用能力等等。随着困惑的累加，困难的接踵而至，无助感越来越强，慢慢就打退堂鼓了。

知识库

一、在质疑与批判中学会多元思维

成熟型班主任喜欢凭经验行事，长此以往就会出现教育方式单一，活动缺少创新的状况，因此要培养自己的质疑精神和问题意识，摈弃工作中的惯性思维，不断自我更新，学会多角度看事情，这样才能在常见的教育现象中捕捉到一个又一个新的教育契机和问题。

二、在追问与解读中生成育人智慧

陶行知先生早在20世纪30年代就号召过："我希望每一个同志都要抓着一个问题，继续不断、百折不回地去研究它，不得到解决不止。"在工作中面对需要解决的问题，要抓住关键点不断自我追问，反复观察思考，直到挖掘到本质，看到问题背后的成因，找到根本的解决方法。

三、在总结与提炼中走向专业幸福

在日常的班级管理和育人工作中，班主任会遇到各种事件和突发情况，在每次解决问题后要对所处理的事情进行复盘。在复盘中对事件进行分类、归纳，总结经验，提炼规律，使自己拥有更多的教育策略和教育力量，从而在班主任工作中获得成就感和幸福感。

百宝箱

班主任的研究力能决定班主任的行动方向，提升班主任的专业能力，进而决定班主任在班级建设与管理中的深度与广度。

一、从班级管理中捕捉问题

班主任要练就一双"慧眼"，善于从日常的班级管理中发现问题，并把这些问题的解决作为研究方向，尝试设计解决问题的思路，将之转化为相关课题。在"发现问题—提炼问题—思考策略—实施策略—反思策略—二次实施—反思提升"层层深入解决问题的过程中，不断地提升自己的研究能力。例如"心惊胆战的课间十分钟"这一现象，表面看是学生课间吵闹，做危险动作的问题，进一步看则是学生休息时缺乏规则意识的问题。进而思考这些学生缺乏哪些规则意识呢？不会游戏，缺乏游戏规则；不会交往，缺乏礼让规则；不会在公共场所控制音量，缺乏说话规则。在捕捉到这些问题后，班主任就可以对症下药，思考实施策略了。

二、从教育实践中提炼经验

班主任开展的研究大多属于应用型研究，以探索教育规律、改进教育实践为目的，因此要把研究和教育实践的过程相结合，学会从日常教育教学生活中积累案例、提炼经验。班主任可以从记录身边的“教育小故事＋微感言”做起，尝试去找到自己做得好或是不好的点，通过客观分析一步步挖掘原因。在有了一定的积累后，对这些故事进行分类、归纳，并对故事中的教育对策进行理论分析、总结提炼。撰写和分析的过程，不仅能帮助班主任总结经验、提升认识、发现新的解决问题的思路，而且能让班主任更容易发现案例和经验背后的教育规律。

三、从相关文献中寻求理论支撑

一线的班主任比较倾向于采用教育行动研究，这对研究者的素养有很高的要求，要把自己作为研究工具，自己要能在现场体验和感知到现象背后的东西。如果仅仅停留在经验层面，没有理论支撑就难免流于杂乱和肤浅，因此，阅读相关书籍、期刊、典章等，能让班主任快速学习到课题相关领域的核心知识，从而提升自己的教育理论素养、完善知识结构与思维方式。

四、从同伴互助中寻求合作力量

俗话说：“一个人走，可以走得快，一群人走，可以走得远。”在开展科学研究中，难免会遇到各种各样个人能力解决不了的问题，这时一定要善于寻求同伴的帮助。学校科研人员的指导，身边优秀班主任的管理经验，青年班主任的创新做法，这些都是让科研工作顺利进行下去的助力。因此招募合适的伙伴组建研究团队，能充分发挥合作力量，从而寻求到最大智慧。

智慧树

以下是笔者曾撰写的区级课题申请书，因篇幅有限，以大纲形式呈现。

课题标题：运用 TIPS 法培养小学低年级学生规则意识的实践研究

一、数据表（略）

二、负责人和课题组成员近期取得的与本课题有关的研究成果（略）

三、负责人和课题组成员近五年承担的研究课题（略）

四、课题设计与论证

（一）情报综述

国内有关研究综述

1. 规则意识的理论研究
2. 规则意识重要性的研究
3. 规则教育途径的研究
4. 规则教育现状的研究

国外有关研究综述

1. 皮亚杰的"认知发展阶段理论"
2. 科尔伯格的"道德发展阶段"理论
3. 儿童纪律、秩序与规则的培养方法研究

参考文献

1. 学术期刊
2. 学术著作
3. 学位论文

（二）研究方案

选题意义

1. 培养规则意识是提升社会文明的需要
2. 培养规则意识是学校育人目标的需要
3. 培养规则意识是儿童健康成长的需要

研究价值

规则意识不是与生俱来的，需要不断涵养，从小抓起。小学低年级是培育规则意识和守则能力的重要时期，本研究希望运用 TIPS 法在学校行规教育中开展培养小学低年级学生规则意识的实践研究，通过情境式实践体验的教育方式，从校园生活入手，在他们心中播下规则的种子，让他们认知规则、遵守规则，并内化为一种内在需要，长大了成为社会秩序的守护者。

（续表）

核心概念界定 1. 规则意识 2. TIPS 法 **研究目标** 1. 了解小学低年级学生规则意识现状 2. 基于现状，梳理规则意识培养的相关内容 3. 运用 TIPS 法培养小学低年级学生的规则意识 4. 检测运用 TIPS 法培养小学低年级学生规则意识的实践效果 **研究内容** 1. 小学低年级学生规则意识现状的研究。通过教师访谈、问题征集，了解小学低年级学生当前存在的规则意识现状。 2. 规则意识相关内容梳理的研究。根据本校小学低年级学生的规则意识现状，梳理小学低年级学生规则意识培养内容。 3. 运用 TIPS 法培养小学低年级学生规则意识的研究。 4. 运用 TIPS 法培养小学低年级学生规则意识效果检测的研究。 **研究方法** 1. 行动研究法 这是本课题采用的主要研究方法，以本校学生与教师为研究的主体，并邀请有关教育专家进行互动式研究。在行动中研究，以研究指导行动，加强实践反思，根据研究中遇到的具体问题，边实践边探索边修改边完善，使理论与实践，假设与成果有机结合起来，实现预期研究目标。 2. 访谈法 通过对我校一、二年级班主任的访谈，了解我校低年级学生规则意识培养的现状。在课题实施的过程中，对相关教师进行访谈，反馈实施的情况，便于及时改进。 3. 案例研究法 对课题实施中典型的活动案例作具体分析、检验假设、发现问题并思考改进或解决的办法。 4. 经验总结法 通过叙述事件、筛选典型案例、开展实践性反思，总结提炼运用 TIPS 法培养小学低年

（续表）

级学生规则意识的有效经验。

实施步骤

第一阶段：研究启动阶段（2020. 1—2020. 5）

成立课题小组，进行课题可行性方案研究，并设计与撰写本课题研究方案，邀请市区教育专家参加开题论证，对本课题设计方案进行修改和补充。

第二阶段：研究实施阶段（2020. 5—2021. 8）

确定课题组成员具体分工，根据研究计划开展研究，举办课题中期论证。

第三阶段：研究总结阶段（2021. 8—2021. 10）

对课题研究过程中形成的各类方案、案例及实施读本等成果进行搜集。对过程资料与成果进行深入分析、归纳与阐释，撰写结题报告。总结课题研究可取的经验与不足，对后续研究如何开展进行研讨。

关键问题

在已完成课题主题、内容制定的情况下，如何基于小学低年级学生的立场和生活感受，从校园生活出发，架构每一个规则意识培养的内容，设计序列性活动方案，检测规则意识培养目标的达成度，是课题组在实践研究过程中需要通过理论学习、梳理前人研究经验、定期开展研讨来解决。

拟创新点

1. 内容的梳理上具备适用性和前瞻性。课题组成员通过前期的访谈调查，从学生、教师找到规则意识培养急需解决的问题，又借鉴国内外经验，着眼于未来公民素养，梳理出既适合现在环境，更预备将来应用的规则意识培养内容。

2. 方法的运用上具备序列性和体验性。课题组成员根据规则意识的三个层次创新运用TIPS 法从认知、练习、体验三方面，有序列性地推进学生规则意识的培养。

五、完成课题的条件和保证

六、预期研究成果

1. 小学低年级学生规则意识现状分析报告

2. 小学低年级学生规则意识的知识框架

3.《运用 TIPS 法培养小学低年级学生规则意识的实践研究》案例

4.《运用 TIPS 法培养小学低年级学生规则意识的实践研究》研究报告

练兵站

请根据班主任工作的实际情况，捕捉教育教学工作中的一个问题，写一份德育课题申请书。

作者简介

陈燕，上海市嘉定区普通小学白银路分校，嘉定区园丁奖，嘉定新城马路优秀德育管理工作者，撰写的《“互联网+”旗下家校合育模式的实践研究》发表于《嘉定教育》。

班主任工作缺乏激情，怎么办？

——在创新中彰显特色

张　磊

日常的班主任工作繁杂琐碎，不少都是常规性的事务，缺乏刺激与挑战。遇到再接一个新班级，许多带班事务又是周而复始地做……这无疑让班主任，尤其是那些老班主任们越来越缺乏工作激情，就算遇到新困难与挑战也敷衍了事。本文提出在班主任工作中要加强创新，同时逐渐形成个人带班的特色，增加职业成就感，形成持续不断的工作热情。

小剧场

我校班主任群体的整体年龄偏大，有不少老班主任。他们在班主任岗位上工作了十几年到三十几年不等。但是随着年龄的增加，他们依循惯例的事越来越多，对待工作的激情越来越少，更别说是动脑筋干出点新意或创意来。

队角评比在即，班主任A对徒弟说：“我就按老规矩做，让学生拿几盆花，几本书来就好了。你们小年轻多花点心思，布置得好看点，争取得个奖哦！”

期初，班主任B在办公室里抱怨道：“又要代收保险费了，每次总有学生要忘拿钱，哎！”年轻班主任C建议她弄个微信群收款，直接让家长在线缴费，省时省力。老班主任乙说：“这种新玩意她不会搞，还是收现金吧。”

拥有丰富经验的班主任D班中有个聪明又调皮的学生，他为了受到关注，经常捣蛋，影响到了全班。班主任D拿出惯用的奖惩办法教育他，但收效甚微。班主任D非常失落，为什么对往届调皮学生有效的办法，现在都不太管用了呢?

这些工作小片段反映了老班主任们深陷于琐碎繁杂的日常工作中，丧失了求新、求变的愿望，逐渐变得循规蹈矩、没有激情。该怎样调动他们的创新积极性，重获工作乐趣与激情呢?

探照灯

一、安于现状，缺乏创新动机

日常班主任工作繁杂琐碎，班主任仿佛每天不断轮换着充当班级的看守、保姆、财务、警察、心理咨询师等角色，其中辛苦，不言而喻。但经过多年实践经历，大多数班主任都形成了一套自己得心应手的管理办法。时间一长，班主任就容易沉浸于自己好不容易打拼出的“舒适圈”中，循规蹈矩式地管理班级，教育学生，完成一系列带班的既定任务，忽视了周遭社会、学生、家长，教育、教学理念等的变化。

二、墨守成规，缺乏创新思维

新班主任通常都会给自己设定在尽短的时间内胜任班主任的基本工作，那段时间内，他们思维活跃，积极取经，实践反思，练就本领；但对于老班主任来说，常规性的班级管理工作已经驾轻就熟，常常不假思索就知道什么问题对应什么办法，也不再去思考能不能转换思路，有没有更好的办法。遇到学校要求开展的新活动，也往往会想着去自己的电脑档案中翻翻有没有能现成能套用的资源，缺乏创新求变的意愿。

三、怯于突破，缺少创新方法

面对更年轻一代的家长，更个性张扬的学生，许多老班主任依旧采取老一套的办法，对照往届学生，却没有取得一如既往的好效果，甚至更加大了管理、教育的难度。他们常常觉得自己已经穷尽了心力，却还是没有回报，即便想换种方法，也会因瞻前顾后，害怕失败等而放弃，最后草草收场。

知识库

一、创新动机是提升工作激情的必要前提

创新动机是指引起和维持主体创新活动的内部心理过程，是形成和推动创新行为的内驱力，是产生创新行为的前提。老班主任们已经在长期的工作中基本适应了大部分的工作内容，觉得工作不带劲，没激情，这时候如果激发出自身的寻求改变或创新的动力，干劲就会大有提升。

二、创新思维是提升工作激情的重要来源

创新思维是指以新颖独创的方法解决问题的思维过程，通过这种思维能突破常规思维的界限，以超常规甚至反常规的方法、视角去思考问题，提出与众不同的解决方案，从而产生新颖的、独到的、有意义的思维成果。时代飞速变化，学生也在变化，当过去的理论和方法不够有效时，班主任就要尝试转换思维视角，只有不断学习、不断提高，用新眼光、新角度、新思考植入工作，才会别有洞天。

三、创新方法是提升工作激情的强大保障

光有创新的动机和思维还不够，必须还要落实在具体的措施上。通过方法比较、方法改善、方法类推等手段，来解决建班育人中的难题和困扰，来唤醒自己的工作兴趣与斗志，并逐渐形成自己带班的特色。

百宝箱

一、关注不足，重拾创新愿景

班主任长期形成的工作模式肯定有其优势，但细究下去，问题、困难、阻碍等往往也会层出不穷。如果留心关注这些问题，就特别容易启动人攻坚克难的欲望，就会有创新的动机。

二、转变视角，提升思维品质

不少班主任总是抱怨时代变了，学生变了，他们的个性越来越张扬，心理问题也总是层出不穷，难以管教，而班级问题也是源源不断……

与其停留在抱怨上，不如换个角度看问题、看学生，比如，一件事站在学生立场上，他的想法是什么？他为什么有这样的做法？站在家长立场上，家长的想法是什么？家长为什么会有这样的想法？或者同样一件事情，五年前的学生会有怎样的表现，现在的学生又会有怎样的表现呢？五年前的家长会怎样处理？现在的家长又会怎样处理呢？这样不停地转换视角，思维就会渐渐多元、丰富，更多有创意的想法就会应运而生。

三、勤学善思，习得创新方法

社会的进步离不开博采众长，推陈出新，教育行业亦是如此。当班主任在工作中发现了难题，发现自己的带班水平停滞不前时，就应该思考自己是否需要及时去学习相关理论、知识、方法，可以阅读专著，浏览期刊文献，订阅一些优秀班主任的公众号等；或是与同行们（特别是优秀班主任）交流探讨，从而找寻灵感，获取新知，破解难题；还可以报名参与班主任工作室或沙龙活动，跟随名师进行系统地研修。活到老，学到老，能够不断丰富自己的学识与能力。与其闭门造车，不如集思广益，共同面对更多新的困难与挑战。

四、提炼优势，形成个人特色

每个班主任都具有独特的个人色彩，随着带班经验的累积，这种特色会愈发明显。只不过很多班主任并不在意，甚至是忽视了自己的特色，在日复一日、墨守成规中渐渐失去了光彩。

我们可以在期初班主任工作计划交流中，大胆畅谈自己或是评析他人的特色和创新做法，说出这些特色和创新做法可能带来的带班优势或成就。

在期中的班主任工作经验交流中，总结分享带班心得，逐渐形成自己的带班特色，同时可以借鉴其他班主任的做法，取长补短，不断改进。在期末的班主任工作表彰活动中，可以特别设定一些特色奖，用以表彰这些既优秀又有特色的班主任，从而进一步提升班主任的职业成就感。

智慧树

“堵”不住就来“疏”

对班级的管理不能违背学校的管理框架。学校作息表上“关注学生身心健康，课间休息时间学生可吃或喝自带的干点或饮料，教育学生注意卫生和不盲目攀比”这句话让我这个班主任伤透了脑筋。别的班主任轻描淡写地说：“我一律不准他们拿来，他们都不敢拿来的。”可在我们班，这样“简单粗暴”的方法真的行不通。而且老师越是强调，敢于挑战与逾越的学生就更多。特别是一些学生之间会互相“别苗头”，一旦有人违规，其他人也会跟风。

于是我想：既然大家都管不住自己的嘴，这又是这个年段学生的特点，老师不能忽视。因而，我转换了思考角度，那就不杜绝，但一定要制定一套规章制度，约束大家吃零食的行为。

首先，我利用午会课在全班开了一次班会，告诉大家最近我们班出现了吃零食的问题，请大家来探讨一下在学校怎么吃零食。同时，我提出需要管理的几个方面：食用时间、零食种类、存放方法、卫生保障等，还有相关的奖惩措施，然后便请学生畅所欲言，各抒己见。

接着，放手让班级三个小队在队长的带领下拟订公约的初稿。在队长的带领组织下，学生很快就完成了三份初稿。虽然语句表达不够规范、通顺，但字字句句都经过了他们的考虑，是他们心目中的公约。

然后，根据三个小队的初稿，我进行了整理和正式稿的起草。综合三个小队的意见，也考虑到学生的身体健康，就形成了一份试行稿，再给全班学生阅读一下，提出建议或意见。果不其然，学生们的问题又一箩筐，有些是针对条款表达的意思的，有些是对奖惩措施的内容表示异议的，还有些是对存放方法存在困惑的。我就将需要解释的都跟学生解释清楚，需要改进的条款再进行了改进，最后终于敲定了正式版。

自《零食公约（正式版）》实施了之后，班级里吃零食的各种问题事件骤然间少了，甚至是没有了。究其原因，我认为以下几点是此次班级零食问题管理的成功所在：

1. 以尊重学生、关爱学生为本，让学生明白管理不是老师在行使“霸权”。我们常把小学生当小屁孩来看待，常常美其名曰“为了孩子好”，就强压命令式地告诉他们该做什么，不该做什么。这样让学生与老师之间的距离感陡增，有时候个别学生就会诧异于为什么看到老师在办公室吃零食，我们就是不可以吃呢？

作为老师，也应该适时地站在学生的角度考虑问题，尊重他们的想法，关爱他们的身心，这样才能拉近距离，让教育的成效明显。

2. 放手让学生自主设定条款与奖惩措施，践行“言出必行”。常常听闻，有的人做事，会变成“自己打自己耳光”，就是言行不一，做的把说的给推翻了。这个时候的自责感与愧疚感往往是最强烈的。

因此，放手让学生自己制定公约，就是希望他们体会到自己设定的内容应该是将来履行的内容，如果履行不到位，就是自己违背了自己的承诺，失信于他人的表现。因此学生在设定条款时也会谨慎对待，履行时也能经常警示自己不能违背承诺。

3. 将零食问题的管理纳入班级银行积分体系，激励学生以学业为重。虽然学校考虑学生的温饱问题，但学校主要还是学习的场所，应该以学业为重。所以在班级银行积分体系，我和学生商讨出了第七条的奖励措施。结果出人意料，一周5分对学生的吸引力很大，很多原本吃零食的学生都选择不吃了。

4. 充分利用干部统管与生生监督，把日常管理的权责还给学生。在公约实施的过程中，我充分利用了行规部长，以及生生之间的监督管理权，因为“群众的眼睛是雪亮的”。一旦发现问题或违规现象，学生们都会及时汇报，并根据条约进行相应地惩戒。这也更进一步提升了班级学生自主管理的能力，有助于他们更快建立起“主人翁”意识。

从一开始发现班级吃零食的问题，到使用传统“一刀切”强制命令式方法的失败，再到转变视角、勇敢突破，采用共同制定公约并遵照执行的措施，虽然整个实施的过程是漫长和复杂的，对已经十分忙碌的班主任工作来说又是在增加任务。不过这意料之外的有效成果更使我坚定了信念：“疏通”往往胜过于“堵住”。只有贴近学生的心，从心出发，才能真正解决班级管理的各种难题。

附：

三（3）班零食公约

（× 年 × 月 × 日起实施）

一、食用时间

1. 周一至周五上午：09：16—09：29 和周一至周四下午：14：43—14：53。其余时间一律不得食用零食。

二、零食种类

2. 选择能填饱肚子，富有营养的食物。如：饼干、面包、小糕点、水果（易于携带与去皮的）。

3. 禁止带坚果、瓜子、蜜饯、糖果类，以及薯片等气味浓重的膨化食品。

三、存放方法

4. 把自己的零食装在一个袋子内，做好标记。不能食用期间交给行规部长保管。行规部长将所有组员的食物放在一个大袋子内。不允许私自乱拿、偷拿、哄抢的情况发生。

四、卫生保障

5. 食物的包装纸（盒）不能随地乱扔，而要小心扔进班级套好垃圾袋的纸篓里。卫生角管理员及时清理更换垃圾袋。（卫生部长做好监察工作）

五、奖惩措施

6. 对于违反以上规定，且影响到班级整体行为规范的，根据情节轻重采取三级惩罚措施。一级：批评警告 + 读公约 2 遍，并一次扣 1 分；二级：书面检讨一份 + 抄公约 2 遍，并一次扣 5 分；三级：书面检讨 + 抄公约 3 遍 + 取消带零食资格。

7. 对于每天能做到三餐吃饱，不带零食、不吃零食的人，奖励 1 分一天。（一周就是 5 分）

练兵站

请找出最近带班或个别化教育过程中的一个问题或难点，尝试着转变思维视角，通过你的创新办法改善情况，甚至是化解难题，形成一个创新案例或经验分享。

作者简介

张磊，上海市闵行区浦江第一小学，担任班主任工作12年，先后获得区骨干教师、区优秀班主任、区优秀辅导员称号，获区园丁奖，区语文教学评比二等奖，区教科研成果评选一等奖等；所带中队曾获区“快乐动感中队”称号。

带教新班主任，怎么办？

——在示范中引领辐射

杜伟清

新班主任踌躇满怀、意气风发地走上了工作岗位。如何科学地引领这些新班主任顺利地实现角色转换，尽快地胜任工作，真正成长起来，充分发挥优秀班主任的管理优势和示范、辐射作用，任重而道远。优秀班主任可通过“传、帮、带”，切实加快年轻班主任的成长速度，从而为学校打造一支素质高、能力强的班主任队伍，使青年教师的教育教学业务能力和班级管理能力不断提高。

“叮铃铃”，班会课的铃声响起，我带着实习班主任王老师走进教室。今天是王老师第一次与学生们见面，在此之前，她非常紧张，怕把“第一次”搞砸。我给王老师的建议是：只要打开了学生的心门，入学生心，你就成功了一半。如何“入学生心”？我把学生们的姓名、性别、照片及性格、爱好等以一张表格的形式发给王老师，让她提前认识“平面”的学生。同时，我也已经把“班上要来一位实习班主任”的消息宣扬开了，此时不管是学生们还是实习老师都非常的期待。自然，当王老师像老朋友一样叫出孩子们的名字时，当她如数家珍般地说起小朋友的爱好时，学生们激动不已的神情告诉我，王老师与孩子的第一次“见面会”成功了。

探照灯

新班主任走马上任，让学生在第一时间有认同感，从而建立良好的师生关系显得尤为重要。作为优秀班主任，就要以理论为引导，实践为基础，发挥辐射引领作用，做好年轻班主任专业发展的引路人，加速其专业成长。王老师和学生第一次见面会之所以成功，是因为带教班主任做了以下两个方面的引导。

一、做好“第一”抓定势

“先入为主”就是要注意抓好“第一”，新班主任要牢记班风建设就是从若干个“第一”开始的。开了好头，就能少走弯路；开了好头，就能事半功倍；开了好头，就等于成功了一半。

二、“笼络人心”有方法

尽可能地“笼络人心”。得人心者得天下，那么，在班级管理中，得生心者也必能做到事半功倍。在学生遇到困难时，及时伸出援助之手；在学生获得荣誉时，学会赞赏学生；在与学生相处时，多关注学生个体，寻找共同话题，多元评价。“用心换心”才能使学生“亲其师、信其道”。

知识库

一、促进专业发展

带教班主任要发挥示范、引领作用，必须自我完善，使班主任工作达到一个新水平，这就要求我们必须走好班主任专业发展之路，注重班主任专业化的研究和探索。因为只有这样，才能更高效地发挥老班主任在落实立德树人根本任务中的骨干作用，更有力地推动学校班主任队伍专业化建设，更好地增强班主任的职业认同感。

二、丰富培训模式

带教班主任的带教为加快新班主任专业成长提供了良好的条件，也为新老班主任搭建了一个相互切磋、共同发展的平台。在浦东新区的见习教师带教要求中，有许多模块，有一项明确指出了见习老师要有两名老师带教，一名是学科老师，一名就是班主任老师，可见，班主任带教的重要性。无独有偶，在芬兰，也明文规定小学教育专业师范生在大学一年级的见习期，就要跟着导师去学校学习、实践。在新班主任的带教中，我们还可以开展丰富多样的培训活动，如：破冰行动、班主任沙龙、案例分享会、圆桌会议等，用积极向上的情感、态度、价值观去相互影响，从而达到教学相长的目的。

三、提升育人智慧

随着时代的发展，带教班主任也会面临一些问题，只凭老经验常常达不到最佳的教育效果。而新班主任在带班过程中也往往会遇到从老班主任那里“拿来”的方法不适用，“南橘北枳”，甚至事与愿违。所以在新老带教过程中，往往能提升育人智慧，将“经验”与“创新”完美结合，形成智慧的火花。因为“经验”往往是“创新”的基础，而“创新”又能为“经验”锦上添花。

百宝箱

为人师：以身作则，用心传教，爱护帮助，传递正能量。

为人徒：尊敬师长，取其之长，积极向上，传承正能量。

如何发挥好优秀班主任的示范辐射作用，让这些刚刚走出校门的新班主任们顺利地实现角色转换，尽快地胜任工作，幸福地成长起来呢？

一、以“看”为先，彼此了解

面对千头万绪的班主任工作，学会带着问题“看”，是新班主任必修课的第一步。

学期初，先用将近两个星期的时间，让新班主任专心地看带教班主任怎样实施半日活动中的各个环节，看带教班主任在带半日活动中的各种教育行为，看带教班主任怎样与家长沟通。随后，每天利用半小时进行反馈、交流。渐渐的，新班主任的关注点在悄悄变化。从一开始关注时间的把控，严格按照作息制度执行，再到关注每个环节的有序开展，最后到关注集体性教学活动中的师生互动。

“看”是双向的，作为带教班主任也要仔细观察新班主任的言行，洞察他们行为背后的原因，了解他们的心理需求等，建立良好的沟通渠道，只有在相互的认识与了解后，带教工作才能彰显实效。

二、以“带”为主，师德共育

刚入职的老师，迫切需要带教老师的引领。此时，带教班主任可以将带教的重心放在对年轻班主任的观察与指导方面，尤其是在集体性教育活动中。

按照带教计划，重要的是看懂活动的设计思路、意图。可以根据新班主任老师实际情况与特点，从学生的年龄特点和现阶段班级特色出发，师徒一同制定带教计划。例如，在新班主任观摩班队会后，带教班主任应指导年轻班主任制定班队会方案，让其尝试独立主持班级活动，做到每次指导，分析，总结，提升，让新班主任在实践操作中，不断熟悉班主任工作，并能很好地管理班级。

三、以“放”为后，业务相长

正所谓“初生牛犊不怕虎”，要保留和发扬新班主任教师身上的这种敢想敢做，勇于创新的精神，就必须注重实操能力，从跟班作业逐渐到独立作业，为新班主任创造空间、搭建舞台，大胆地让“新手上路”。以“学习一段、实践一段、总结一段”的方式，让新班主任尽快适应新环境，融入新集体。教育，是永不停歇的勇往直前，是不断“修炼”的成长之路。相信在这一过程中，我们的新班主任一定能体验到教师这一职业所带来的快乐与幸福。

智慧树

每个班级都有一些与众不同的孩子，作为班主任，我们应努力做到“读懂孩子”。以下这份案例是优秀班主任在带教新班主任时的指导和实践。

见习班主任的困惑 V 带教班主任的妙招

见习班主任	朱静怡	带教班主任	杜伟清
班级	一（4）	班级	一（2）
主题	□课堂教学 ☑班级管理 □家校沟通 □教育智慧 □其他		
解决的核心问题	如厕请求 Yes Or No		

课堂上不可避免地会碰到学生提出如厕请求，面对这样的情况，班主任一般都会允许学生上厕所。但是往往同意了一个人去上厕所，就会像"传染病"一样，有第二第三个，其中必定是有人钻空子。可是，如果"一刀切"不允许学生上课时去上厕所，万一真的憋不住，也是很糟糕的。而且有的时候，老师的课正讲到高潮，一个问题下去，看到小朋友举手，非常高兴且万分期待他讲出答案时，他却吞吞吐吐地说："老师，我要上厕所。"可想而知，老师和学生都很尴尬。而此时，有些调皮鬼就开始蠢蠢欲动，有讥讽的，有看好戏的，有伺机而动的，课堂纪律因此受到影响。我的困惑是：

1. 如何最大程度地保护当事学生的自尊心？
2. 如何把该类事件对课堂产生的不利影响降到最低？
3. 如何让上课如厕现象零发生？

带教班主任妙招解析

妙招：打暗号

和同学们约定，在上课过程中，如果确实需要上厕所，可以在举手时，弯曲四指，代表要上厕所，老师眼神或点头同意后，自己轻声地从后门离开。如果老师没有留意到，自己又实在憋不住了，也可以从教室后门轻轻离开。

干预策略：

一、了解学生需求，以"尊重学生"为原则

班主任要明白，上厕所是合理的生理需求，理应得到满足，即使是在上课期间。

在课堂上当众提出如厕请求，除了上课老师能听到，其他学生也能听到，当事人难免被人嘲笑；如果当事人由于害怕被嘲笑而强忍不解，又会对其身体造成伤害。举手时，弯曲四指的"暗号"，既可以起到"提出请求"的效果，同时动作又比较"隐蔽"，不易被其他学生发现。如果急于引起老师的注意，可以稍微晃动一下手臂，或稍微举高一点点，达

（续表）

到引起老师的注意之目的即可。老师收到“暗号”后，用一个眼神或微微地点头示意学生从教室后门离开即可，如果老师没有留意到，自己又实在憋不住了，也可以从教室后门轻轻离开。总之，作为老师要尊重学生的需求。 **二、辩证看待学生，以“博大宽容”为原则** 见习班主任说到了上厕所“传染病”这一现象，的确小学生年龄小，好模仿，这样的举动不足为奇。班主任要知道“凡事预则立，不立则废”。班主任在跟学生说清楚上课上厕所的正确处理方法的同时，就要把这个招数的使用是建立在“诚信”基础上的这一点讲明白，相信学生能按要求落实。哪怕有个别学生“跟风”，班主任也应宽容一点，让学生能体会到班主任他的信任和尊重。 **三、采取有效措施，以减少影响为前提** 运用“暗号”的方法，可达到学生“秒提”（快速而隐蔽地提出上厕所请求），老师“秒懂”（迅速领会学生意图，迅速做出“允许”的暗示），学生“秒离”（学生迅速轻声从教室后门离开）的效果，这样就把对课堂的不利影响降到最低，把对学生受教育的权利的尊重升到高位。 另外，班主任要协同任课教师做好学生的教育工作，应在下课时提醒孩子及时上厕所，或让值日队长做提醒，同时可以在班级中进行“温馨提示”，让学生清楚下课应该做到“四个一”：上一次厕所、喝一次水、做一次远眺、换一次书本。这样，上课“如厕”的现象一定会减少。 **四、深入细致观察，寻找背后的原因** 如果碰到某一学生经常性在课堂上提出同一请求，则应深入了解学生生活习惯，必要时可以和家长沟通，反映情况，合力帮助学生培养良好生活习惯。“尿频、尿急”有的是生理问题造成的，也有的是心理问题引起的，所以不容忽视。
实施效果
问题有了改善，困惑得以解决。新班主任管理能力有了提升。

练兵站

尝试设一份计班主任带教方案，使之初步具备指导和培育青年班主任的能力，发挥其引领辐射作用。

作者简介

杜伟清，上海市实验学校，担任班主任工作 27 年，曾在上海市班主任基本功系列竞赛中，荣获小学组三等奖，荣获区优秀辅导员称号，撰写的"如何使主题班会课更具有实效性"发表于《浦东教育研究》，撰写育人案例，荣获区一等奖等。

班主任工作总是停留在“泛泛而谈”，怎么办？

——在实践中总结经验

张　慧

班主任工作的辛苦与忙碌毋庸置疑，但很多老师都有同感：每天处理的不过是些寻常琐事，回想起来，既无建班育人的经验可与人分享，也无班级管理特色可供人借鉴。一句话，班主任工作总是停留在“泛泛而谈”，怎么办？本文提出在制定愿景目标的基础上，采取强有效的措施，通过实践进行总结，逐步形成建班育人的经验和特色。

班主任工作座谈会上，青年教师小林谈了自己的困惑：现任班级带了三年了，依然感觉不“顺手”。班上的“调皮大王”几乎天天惹事；小干部连自己都管不好，更别指望他去管别人了，很多事情都得老师亲力亲为。《班级公约》对一部分学生缺少约束力，试过让犯错的学生写反思写保证，也尝试过积分奖励，可效果都不明显。受罚的学生经常“好了伤疤忘了疼”，罚多了家长还有意见；得奖的永远是这几个，得不到的干脆破罐子破摔……总之，跟自己期望的目标相去甚远，每天忙得像个陀螺却没有一点儿成就感，内心充满挫败感却不知如何破局。

其实，小林所遇到的问题并非个案，很多班主任都曾为自己“做了不少效果不好"而泄气。怎么提高班主任工作的"含金量"，并不断积累成功经验呢？

探照灯

究竟是什么原因导致"小林"们陷此困局呢？

一、班级目标没有"量身定制"

很多班主任带班时对班级的长远发展缺少规划或是规划不合理，目标制定过高，没有考虑班级实际和自身管理水平与能力，"好高骛远""一意孤行"。目标脱离了班级实际，超出了学生的能力范围，没有了针对性和可操作性，结果肯定不能如意。

二、班级制度没有"落地开花"

很多班级的公约和制度形同虚设，没有真正得到落实。究其原因，一是班级制度本身没有得到大家的认同，学生并没有把遵守班级制度当成是一种自觉行为；二是班级制度缺少了家长的理解和支持，导致执行过程中的"缩手缩脚"；三是小干部的"领头羊"作用没有得到发挥。

三、评价标准没有"因人而异"

很多班主任在班级管理过程中忽视了学生的个体差异性，把他们当成了工厂的"标准件"，用一把"统一的尺子"来衡量，没有"因人而异"，采用激励性评价以调动全体学生的积极性，从而使部分特殊生因一直得不到奖励而没了上进心。

知识库

一、乐于制定适切愿景

班级目标是指为了实现愿景必须要做到的事，目标的制定要结合学生年龄、心理、知识、思维和意志发展水平等，激发其强烈的道德情感和需要。目标制定应适切，让学生“跳一跳能够着”，目标过高容易落空，过低则达不到磨练意志的目的。要鼓励学生参与目标的制定，并乐于规划个人愿景，这样在实施过程中他们才会尽最大努力，最终达成目标。

二、敢于突破行动障碍

在实现目标的过程中，班主任要勇于突破自己，克服畏难思想，不断学习和尝试，并积极与家长沟通，争取他们的配合与支持；敢于放手，给学生更多的机会，他们能做的，班主任决不代劳，帮助学生建立自信，鼓励其克服困难排除障碍，用勇于尝试自己想做而不敢去做的，或是自认为自己能力不足以达到的事，朝着心中的目标勇往直前。

三、善于运用评价机制

研究证明，合理有效运用教育评价，能够激发和维持评价对象的内在动力，调动被评价者的内部潜力，提高其工作的积极性和创造性，从而达到教育管理的目的。在班级管理中结合学生实际采用多元化的评价方式能促进学生个性和潜能的健康发展，更好地调动学生参与各项活动的积极性，也有利于培养其创新精神和实践能力。

百宝箱

只要目标坚定，勇敢尝试不怕失败，用足够的行动力实现目标，一定会突破自我，形成工作特色。

一、目标制定合理化

班级愿景的实现需要各个阶段目标的支撑。目标的确立一定要体现认同性，班主任接手一个新班后就应通过民主商议和学生共同确定班级目标，使目标更符合班级特征和学生实际，更具针对性和可行性。制定目标的流程可以“自下而上”，即学生个人提出—分组讨论修订—班委汇总—师生共同起草拟定；也可以“自下而上”，即由班主任和任课老师提出目标草稿—小组讨论修改—汇总“准”目标—召开班会讨论定稿。

二、班级岗位全员化

要调动全体学生的积极性以达成目标，让每个学生都成为班级管理的参与者，做到"事事有人干，人人有事干，人人有人管，人人能管人"。具体操作步骤：1. 细化岗位，列出所需人数；2. 认领岗位，在自愿基础上协调；3. 推选部长，并通过竞选产生班长；4. 推行管理"承包责任制"，落实各部门具体责任，半学期一次轮岗。这样人人都是班级管理者，各尽其能、各司其职。在管理过程中，个人专长得以施展，管理能力得到提高；同时也能充分感受个人与集体的关系，促进主人翁意识的形成。

三、制度执行柔性化

俗话说，"没有规矩，不成方圆"，但在执行制度的过程中也应该尊重学生的个体差异，对于《小学生日常行为规范》以及学校的规章制度等确实应该不折不扣地执行。但有些制度则可以因人而异，实施"柔性管理"。特别是对于班级中部分特殊的学生可以适当降低要求，在他们违反纪律时做弹性处理，给他们一段时间逐步达到要求，让他们也能建立信心，成为更好的自己。

四、活动开展系列化

教育只有打动学生，引起其心灵深处的强烈共鸣才能成功，活动育人往往比单纯说教更有效。班主任应对班级活动做整体设计、统筹安排。具体来说要找准学生各个阶段的成长需求，围绕一个大主题精心设计系列化的班级活动，并把班级组织建设、制度维护、文化更新等都融入活动之中，然后根据学生在活动中的冲突和体验来召开班会课，提升学生的认识，使知情意行逐步上升逐步整合，提高活动的有效性。

五、评价方式多元化

定期对学生的表现进行阶段总结评价，做到一周一小结，一月一反思。先由教师抛砖引玉，总结经过一个阶段的组织、实施和督查，班级整体预期目标达成情况，取得的成绩和存在的问题，并提出下一阶段的要求。接着学生用口头或日记的方式对各自的表现进行总结评价，小组互评，最后老师提出希望。这样的多元评价，一方面能促进学生从他人的评议中调整自我认识，另一方面也能促进学生之间的互帮互助、取长补短。

智慧树

养成良好行规　争当行规标兵

——四年级5班中队第一学期行规愿景及实施策略

一、班级行规表现分析

本班共有学生36人，男女生各占一半。班上大部分学生能遵守校规校纪，有良好的行为习惯，但还存在一些问题，如：小岗位工作不能及时主动完成；课间有追逐、吵闹现象；午餐不能做到光盘；部分学生存在作业拖拉现象；经常有学生忘带一杯一帕或学习用品；指甲没有及时修剪；用过的纸巾不能及时清理，地上的垃圾不会主动捡起等，流动红旗获得次数较少。

二、讨论制定班级行规养成目标

（一）愿景目标

通过一学期的努力达到如下目标：人人养成良好行为习惯，周周获得行规流动红旗。

（二）具体目标

1. 每天穿校服，佩戴红领巾，做到仪表整洁，学校检查无扣分。
2. 进校、离校主动跟值日的老师、同学打招呼。
3. 认真主动完成班级小岗位工作，校卫生检查无扣分。
4. 听课专心，不做与上课无关的事，不影响他人听讲，每堂课举手发言至少一次。
5. 各科作业及时完成，有错误及时订正，不拖拉和拖欠。
6. 课间文明休息，不追逐吵闹，不大声喧哗。
7. 有良好的个人卫生习惯，勤剪指甲，每天带好一杯一帕，保持桌肚整洁。

8. 保持教室整洁，垃圾分类入桶，主动捡起座位四周的垃圾。

9. 做眼操时穴位正确、不抢节奏，不睁眼，不讲话，校检查无扣分。

10. 升国旗时肃立、行队礼，唱国歌声音响亮；广播操动作整齐到位，不讲话，不抢拍。

11. 爱惜粮食，不挑食不暴饮暴食，午餐光盘或至少吃掉一半饭菜。

12. 课前做好准备工作，学习用品摆放整齐，预备铃响立刻保持安静，并在课代表带领下进行两分钟诵读。

13. 集队集会和进出专用教室快、静、齐。

14. 收听广播或收看电视时坐姿端正，保持安静，不做其他事。

三、目标达成措施方法

（一）采用摘星制（如下表，一生一表）

四（5）中队学生第____周在校一日表现评价

姓名______　周得星______颗

评价维度 / 星期	礼仪着装对应目标1、2	岗位任务对应目标3	上课作业对应目标4、5	课间休息对应目标6	卫生环境对应目标7、8	升旗两操对应目标9、10	午餐表现对应目标11	课前准备对应目标12	集队集会对应目标13	午会广播对应目标14	自评	互评
一	☆	☆	☆	☆	☆	☆	☆	☆	☆	☆		
二	☆	☆	☆	☆	☆	☆	☆	☆	☆	☆		
备注	扣星原因：											

（二）具体操作方法

1. **多元评价**：学生每日对照表格中测评内容按目标要求进行自评、师评和互评（值日班长和老师根据检查情况及时反馈），没有做到的不得星，每日满星为10颗，在备注栏内注明扣星原因。

2. **评价时间：**每天午餐后和晚散前组织评价，其中，课堂表现由各科任课老师（以主课为主）在课中或每课结束后作出评价，达标的得一星。

3. **一周一评：**一周内满星可晋级换一颗大星，集满四颗大星（或者一月内每周都比前一周得星多）可以去老师那里抽奖。

4. **奖品兑现：**事先组织小心愿征集，奖品有精神类奖励，如免作业一次、自由选择“一周”同桌、放学举班牌等；也有学习用品、小零食等物质奖励，还可以从家长那里获得事先约定好的奖励。每学期集满 16 颗大星可评为班级行规小标兵，颁发奖状，集满 20 颗大星可推荐参加校行规标兵评选。

此外，如果班级获得流动红旗，则全体同学在一周内可以加一颗星（可用于抵消一颗扣星）；而对于扰乱课堂纪律、打架等行为则采取扣星制，具体扣几星由班委讨论决定。

练兵站

分析现任教班级的优势和劣势，结合实际制定本学期班级的共同愿景以及具体目标，撰写达成目标的具体措施，要求基于班情，目标明确切实可行。学期结束围绕该活动进行班主任工作总结的撰写。

作者简介

张慧，上海市闵行区浦江第一小学，闵行区骨干教师，闵行区金奖班主任，曾荣获上海市园丁奖，上海市农村学校班主任特色工作“君远奖”最佳特色奖，所带班级获区红旗中队称号三次；多篇论文（案例）在市、区评比中获奖。

育人沟通中遇到阻力，怎么办？

——在沟通中形成合力

张旭婷

班主任在管理班级时会遇到各种问题，例如在教育学生时，学生看似虚心接受了老师的教诲，却还会屡犯同样的错误；家长对孩子的教育诉求与学校的要求不一致，在育人理念上产生了分歧；班级的行规教育主要由班主任负责，缺少了任课老师们的助力，有时显得力不从心……面对这些难题，新手班主任该如何应对呢？本文从班主任如何与学生、家长、同事对话的角度出发，提出面对不同沟通对象时可采用的沟通方法与技巧，更好地提升沟通协调效果，从而形成合力，发挥教育效能。

情景一：学生小 A 是个调皮好动的学生，平时下课喜欢追逐同学，拦下对方与之打闹，时常被同学告状。为此，老师多次对他进行教育，但他每次都是口头答应不会再犯，一到下课又故态复萌。

情景二：学生小 B 是个认真好学的学生，一天早读课上，老师看到小 B 在做昨天的作业，问她为何没有完成作业，小 B 说自己字写得太慢了，没有在爸爸规定的时间内完成，爸爸便收了她的作业，不让她再做了。为此，班主任与家长取得联系，双方对于如何处理学生作业拖拉的做法产生了分歧。

情景三：任课老师走进教室后，大部分学生仍在说话，老师针对这个情况对学生进行了批评教育，但个别学生依然油腔滑调，引起一阵哄堂大笑。课后，任课老师找到班主任反映课堂纪律不如人意，请班主任加强教育，而班主任希望任课老师在教育学生时能采取更有效的方式，与自己一起出谋划策，帮助学生养成良好的学习习惯和行为习惯。

探照灯

为何在育人沟通中会遇到这些困境呢?

一、教育方式的不当

部分班主任在处理班级事务方面的经验不足，最常采用说教的方式，处理方法比较单一，对学生缺乏威慑力，未能使自己在学生中树立威信。还有些班主任可能在对学生进行批评教育时，没有将事情的前因后果了解清楚，评判有失公允，或者老师说话的态度、语气较为生硬，伤害了学生的自尊，导致学生出现逆反心理，故意与老师对着干。

二、家庭教育的缺失

有些家长因忙于工作，无暇兼顾孩子的教育，缺少与孩子的沟通，或者采用了不适当的教育方法，没能和班主任相互配合，帮助孩子养成良好的学习习惯和行为习惯。还有些家长过于溺爱孩子，孩子在家提出的一切要求，家长都给予满足，导致学生的自理能力、自控能力得不到锻炼和提升，因而无法适应学校环境，做出违纪行为。此时，家长即使意识到了问题，想要管教也没有好的方法。

三、教育观念的不同

部分任课教师把主要的时间、精力花在了提高学生成绩上，对于学生的行为规范和道德品质的教育不够重视，抓班级纪律、对学生进行品德教育的重担落在了班主任的身上。由于班主任与任课教师之间没有形成齐抓共管的意识和机制，使得管理不如人意。

知识库

一、注意与学生沟通的方式方法

在教育活动中，师生之间的交流沟通有着重要的意义。当学生出现状况时，一味的批评和说教不仅起不到良好的效果，还可能引起学生的逆反心理，不听从管教或者出现虚心接受，屡教不改的情况。因此，在与学生交流沟通时，老师要注意说话的方式，试着与学生建立相互尊重、相互信任、相互理解的关系，有了情感上的接纳，学生才会对老师的教诲产生良好的接受性。

二、协同任课老师和家长，形成班级教育合力

要建设一个团结向上的班集体，离不开班主任的精心培育，同时也离不开任课老师的协同管理和家长的密切配合。

班主任与任课老师是共同管理班级的合作伙伴，如果能够得到任课老师的助力，对学生的行规教育才能事半功倍。因此，班主任要调动任课老师参与班级管理的积极性，与各科老师在共同监督、培养学生的行规上达成共识，多角度地开展班级整体建设。

有时，学生在家与在校的表现存在差异，保持家校沟通可以使老师和家长更全面地了解孩子，从而更有针对性地对孩子进行引导。在家里，父母是孩子最好的老师，因此，班主任要与家长保持紧密的联系，并且在与家长交流沟通时起好引领和指导的作用，从而形成家校共育的合力，共同帮助学生健康成长。

百宝箱

一、如何与学生对话

（一）尊重学生，平等互信

在老师对学生进行教育时，有没有尊重和爱的基础，给学生的感受将会截然不同。如果你的学生在与你的相处过程中能够感受到你对他的尊重与爱护，那么

批评的话语会被认为是一种善意的关心和帮助。因此，老师在与学生对话时，要注意说话的态度和语气。粗暴的呵斥会让学生害怕，也会让学生产生防御心理，有话却不敢说；温和的态度能减轻学生的抵触心理，从心理上更愿意接受老师的教诲。

（二）换位思考，友爱和谐

倾听学生的心声，从学生的角度思考，并在与学生沟通时多用鼓励性和启发性的话语是师生间和谐沟通的良方。每一个学生都是独一无二的，有着自己的闪光点，班主任要善于发现学生的优点，并给予适当的赞美，这样可以让学生体会到老师对自己的肯定与鼓励，了解自己的闪光点，从而增强自信心，激发内在潜能，形成积极向上的良性循环。

二、如何与家长对话

（一）保持联络，积极沟通

随着时代的发展，人们的通讯方式越来越多样。班主任与家长的联系方式已经从传统的家访、打电话，发展到微信、视频会议等，班主任可以根据不同家长便于联系的时间和方式采用不同的对话形式，积极与家长沟通交流。

（二）真诚交流，细心分享

倾听是沟通的前提，班主任要认真、耐心地倾听家长的困惑、意见和建议，了解家长关心的问题所在，帮助家长排忧解难。班主任在和家长沟通时，如果发现家长在开展家庭教育中有困难的，可以跟家长分享自己的教育经验，指导家长如何有效地进行家庭教育，以便更好地开展家校共育。

三、如何与同事对话

（一）听取意见，学习方法

很多任课老师都有多年的班主任工作经历，他们在班级管理上有着丰富的经验，年轻班主任应当多多听取任课老师的意见和建议，学习更有效的管理方法。此外，多与任课老师交流沟通，有助于激发他们协助班主任共同开展班级建设的积极性，在教育教学中协同合作，相互配合，共同做好班级的德育工作。

（二）齐抓共管，相互配合

班主任每天与学生相处的时间最长，对学生各方面的情况也比任课老师更加了解。因此，班主任要做好学生与任课老师之间的桥梁，帮助任课老师建立威信，协助任课老师处理相关事务，与任课老师建立良好的合作关系。

四、积极修炼沟通协调的能力

沟通是一门学问，共情是一种能力。当班主任在与学生、家长、同事进行沟通时，要如何准确地表达自己的想法不被误解？怎样表达才更容易让对方接受？这就需要我们在交流时多站在对方的角度思考问题，尝试理解他人的感受和心情，并且在班主任的组织下，明确彼此共同奋斗的目标，使双方达成共识，朝着一致的教育目标相互配合，形成教育合力。学无止境，班主任们要在日常的工作生活中，不断地积累经验，改进方法，调整心态，进一步提升自己的沟通协调能力。

智慧树

静待花开会有时

【案例描述】

开学了，小陆并不能很好地适应学校生活，他一系列特殊的行为引起了老师们的关注。早上到了学校，同学们都在忙着整理书包交作业，而小陆经常把书本放进课桌后就开始发呆，我问他：“你的作业交了吗？”他一拍脑袋，轻声嘀咕道：“啊，作业，作业……”然后才从课桌里找出本子。上课时，小陆总是沉浸在自己的世界中，时常望着操场发呆或是低头玩文具，有时他还会对着教室橱柜的镜子扮鬼脸。任课老师多次向他指出问题所在，希望他能改掉做事磨蹭、上课分心的坏习惯，但收效甚微。于是，任课老师找到我，请我对小陆同学进行批评教育。

此外，小陆在与同学们的相处上也存在困难。开学初，小陆在课间休息时经常会和同学发生摩擦，有一次还朝同学吐了口水。于是我把他叫到身边问他：“你刚才和小朋友发生什么不愉快的事了吗？”他似乎知道自己做错了事，表情十分紧张，眼睛瞟向一旁，头和牙齿也在不住地颤抖。我见他不回答，继续问道：“你刚才是不是朝小朋友吐口水了？为什么这么做呢？”他的眼睛依然没有看向我，而是不停地左右转动，嘴里反复咕哝道：“为什么？为什么？我为什么这样做？”他嘀咕了半天也没有回答出来，于是我只好将他批评了一通，并提醒他以后不要再做这样的举动。

【问题归因】

为什么小陆会有这样不同寻常的表现？怎样才能让小陆对我敞开心扉？我与任课老师要如何帮助他更好地适应校园生活？带着这些疑问，我来到小陆家家访。

通过和家长深入的交谈，我找到了一些原因：第一，小陆天生有些感统失调，在语言表达和肢体协调方面的能力不佳，思想较难集中，使他显得“与众不同”。第二，小陆有时会把在动画片和故事书中看到的情节搬到生活中来，例如他爱学书中的情节，故意做错事惹妈妈生气，想看看妈妈会有什么反应，是不是会和书里“妈妈”的表现一样。第三，因为性格内向，他不善于和小朋友交往，有时为了吸引同学的关注会用不太恰当的方式对待同学，反而造成了大家对他的反感。第四，之所以小陆在回答老师问题时会有战战兢兢的表现，是因为长辈从小就对他很严厉，久而久之导致他自信心不足，而他不断地重复老师的问题则很可能是在琢磨怎么回答才不会出错，不会受到批评。

【实践支招】

通过对小陆更深入的了解，可以看出他的内心其实是渴望得到老师和同学们的肯定的。小陆有要求上进的心，只是用错了表达方式，因此我打算从帮助他养成良好的习惯和建立自信这两方面入手。

我与各任课老师进行了沟通并达成共识，我们会留意他的听课情况，尽量找一些他能胜任的问题请他发言，他有一小点进步，我们就及时表扬他、鼓励他，帮他树立信心，并以此来激发他的学习兴趣。课间我也经常找他谈心，问问他最近对什么比较感兴趣，在看哪些课外书，通过聊天的方式来了解他的内心。同时我也请家长有意识地多问问他在学校的情况，多给他制造一些开口表达的机会。为了提高他的课堂效率和学习成绩，我还特地安排一个学习态度认真，自控能力强，耐心细致的学生做他的同桌，请她在不影响自己学习的情况下，耐心地帮助小陆。

【实践成效】

在老师、家长、同学的帮助和小陆自身的努力下，我欣喜地发现了小陆的一些转变和进步。新学期，班级进行了第一次小干部改选，事先我要求每个想参与竞选的小朋友准备1分钟的竞选发言。竞选开始了，只见小陆高高举起小手，人也几乎站立起来，脸上满是期待之情，于是我请他上来发言。听我叫到他的名字，他兴奋地走到讲台前却紧张得说不出话来，我走到他身后悄声说道："别紧张，照你准备好的说，你可以的。"在我的鼓励下，小陆终于说出了自己的宣言。虽然他的表达不够流畅，声音也不够响亮，可他终于打开了心门，勇敢地表达出了自己内心真实的想法，并为自己的目标而努力了。我真高兴在小陆的身上看到了自信的光芒。

一次课间休息，班里有同学在走廊奔跑被值日校长范老师批评了，范老师问全班同学："违反纪律要没收流动红旗，大家觉得要不要没收？"实诚的学生们虽然觉得很难过但也坚定地点头说："要，做错事应该接受惩罚。"竟无一人有异议。范老师继续问道："那有没有哪个小朋友觉得不应该没收的？"原来范老师是想给犯错的学生一次机会，可是底下鸦雀无声，正当我俩暗自着急无台阶可下时，一只小手高高地举了起来，正是小陆。他站起来轻声说道："大家都会犯错，我们应该给他们一次改正的机会。"小陆的宽容和敢于表达自己想法的举动，让我感到格外欣慰。

【思考提升】

细心观察班中的学生，他们有着不同的脾气性格、不同的兴趣爱好、不同的学习能力。面对这样一群性格迥异的学生，班主任需要加强与学生、家长、同事的沟通，从各方面了解学生的差异，并根据他们的特点开展个性化教育，激发学生的潜在能力，及时给予鼓励和肯定，此外也要能够宽容学生犯错，耐心地引导他们改正。“每个学生都是一朵花，只是一年四季开放的时间不同。”人们经常把学生比喻成花朵，而老师则是园丁。我相信尽管每种花的花期不同，只要园丁们了解每种花的特点，辅以适合的养料，静待花开会有时。

练兵站

家长觉得教育学生是学校的责任，忽视了家庭教育，该怎么办？你会如何与家长进行沟通？

作者简介

张旭婷，上海市实验学校，曾获得上海市中小学中青年教师教学评选活动二等奖；参与浦东新区德育教育实践研究课题；曾多次获得校优秀班主任、德育特色教师、教学特色教师和科研特色教师称号。

班主任工作进入倦怠期，怎么办？

——在体验中完善自身

王艳萍

卓越班主任要不断提高自身的感受力，在实现人格完善的同时，感染并影响学生，担负起做学生人生导师的责任。本文通过感受“阅读”“行走”和“写作”带给班主任成长的力量，探讨有效避免或平稳度过班主任职业倦怠期的方法和途径，从而感受班主任的幸福感和成功感，完善卓越班主任的专业发展。

小剧场

师范大学毕业26年，我一直担任班主任工作。为了不辜负这个从小就树立的理想，我在班主任岗位上辛勤耕耘，得到了领导、同事、家长和孩子们的认可和喜爱。每每教师节，总有毕业的学生会回母校看望我这个曾经的班主任，他们向我分享自己在学习和工作上取得的成绩和进步，向我倾诉自己的困惑和烦恼，寻求我的帮助。选择一份自己喜欢且能做好的工作，这是多么幸福和快乐的事啊！可是最近碰到了一些烦心事：

现在班上的学生都是10后，聪明活泼、个性张扬是他们的共性，一直自诩为“智多星”的我，在这些调皮的孩子面前，经常束手无策。

和我搭班的两位年轻老师都是95后，他们总说我不理解他们年轻人，看到我总是刻意回避，在他们眼里，我是苛刻、固执、无趣的中年教师。

以前我对学生的无私付出都会得到家长的认可和感谢，可到了这届学生，家长认为班主任管得太多了，要求太高了，我也时常因得不到理解而难过，久而久之，和家长的沟通就越来越少，有时碰到家长和班主任意见不统一，家长索性一封匿名信交到校长室。

如今的我，感觉走入了教育迷途，委屈、困惑、伤心等负面情绪时常涌上心头，让我对曾经热爱的工作产生了消极的态度。

探照灯

是什么原因造成资深班主任在工作中的挫败和迷茫呢？

一、经验为主，缺少学习

班主任工作时间久了，自然会产生思维惯性，在处理事务时，会凭借已有的经验来解决。殊不知，班主任工作经验固然重要，但学习更加重要。这个世界的变化比我们想象的要快很多，不断地学习，才能对世界保持新鲜感，使自己的观点不至于落后。面对不同时代不同学生，唯有学习，了解他们的个性特点和年龄特点，才能更好地找出适应孩子身心特点的教育策略，有的放矢地解决问题。

二、方法传统，缺少认可

案例中的班主任和搭班老师年龄相差较大，大家成长的背景不一样，教育理念也不一样。70后的中年老师是在严格的教育环境中成长起来的，而95后的年轻教师是在更加开放和自由的环境中成长起来的。诚然，老教师对年轻教师严格是对他们负责，但由于成长环境不同，用错了方法，好心自然办不成好事了。

三、工作繁忙，缺少沟通

班主任工作是个良心活儿，有的班主任就是特别认真，总想把很多事儿做好做到位，往往囿于工作琐事，忽略了跟家长的沟通。而做好与家长的沟通工作，对学生未来的发展有着不可忽视的作用。因此，班主任老师必须充分认识到与家长沟通的重要性和必要性，增强自身沟通能力，提升沟通效果。否则，就如案例中的结果，班主任的好心得不到家长的理解。

知识库

一、调整心态，适应新变化

班主任的职业倦怠感一般来自以下三个方面：个人成就感降低、个性化丧失和情绪低落，大多数来自个人的心理负担，越是对自己高标准严要求的班主任，越容易感到疲惫。因此，班主任要不断调整自己的心态，找到自己的优势，也要客观对待自己的不足，在工作中扬长避短。面对不断发展的时代，涌现的新事物，乐意适应和接受，让班主任工作不仅是一份职业，更是自己喜欢的一份事业。

二、积极面对，善于借外力

之所以说班主任工作繁琐忙碌，是因为除了班级日常管理和教学，班主任还要时常应对学生突发事件、上级通知等。如果所有事都亲力亲为，班主任纵然有十八般武艺，也无暇顾及过来。工作中，我们也时常发现，有些班主任看似轻轻松松，却能很好地管好班级。秘诀是他们面对难题，能积极应对，善于借用外力：学生——组建一支得力的干部队伍；家长——组建一支得力的家委会队伍。

三、多管齐下，提高获得感

要降低班主任职业倦怠感，除了个人努力之外，还需要各方的助力。相关职能部门要尽可能提高班主任的工资待遇，出台相关政策，减轻班主任工作压力。学校要有相关的政策和规划，为班主任积极搭建专业发展的平台，全方位关心班主任。只有多方合力，多管齐下，才能不断提高班主任的获得感和幸福感。

百宝箱

如果班主任的热情付出总是得不到应有的积极的回应，抑或处理不好家庭和工作的关系，感受不到幸福，长此以往，个人的成就感就会降低，就会逐渐进入职业倦怠期。班主任不妨通过"阅读""行走"和"写作"来获得成长的力量。

一、在阅读中丰富人生

当我们在工作中碰到困境和不如意时，不妨让我们走入书的世界，去翻阅那些可能帮助我们走出困境的书，去感受各类书中别样的精彩。专业类书籍，如：《经营班级》《老师千万别管孩子》《班主任兵法》等可以提供班主任管理智慧，助力班主任工作游刃有余；教育人物传记类书籍可以帮助班主任了解他们是如何育人的，可以借鉴名人的成功经验；散文类书籍，如《林清玄散文》可以让班主任深刻地理解人生的价值；心理类书籍，如《别和自己过不去》《重新认识你自己》《情商与影响力》等可以让班主任懂得该如何看待自己、如何面对挫折。当阅读成为一种习惯，当一个人的精神世界是丰盈的时候，那么这样的班主任的格局和眼界一定是开阔的。

二、在行走中拓宽人生

在工作中碰到困境和不如意时，不妨让我们走出班级，走出校园，去看看不同的风景，去接触不一样的群体，去感知不一样的环境。行走有多种形式，可以是旅行：双休日去公园，寒暑假去祖国各地，在广袤天空下深呼吸，释放一切烦恼和不愉快；可以是品味美食：舌尖上的酸甜苦辣能让人忘却一切不开心，懂得品味美食的人也一定是会生活热爱生活的人；也可以是同业访学，看看不同学校的校园文化布置，学生活动，或许在别人的言行中，对自己有了新的认识。班主任的行走方式有很多，不管哪种方式，一定会给班主任工作提供更丰富的视野，更丰厚的素养，不断拓宽我们的人生。

三、在写作中温暖人生

当我们在工作中碰到困境和不如意时，不妨让我们静下心，拾起笔，写下给自己的文字。班主任每天都会写一些文字，这些基本都是任务型的，更多的是写给别人看的，很少有时间写一些自己想写的文字。与其独自闷闷不乐，还不如打开电脑，或者拿起笔，回忆生活、工作中温暖的时光，用文字记录下来。这个时光可能是你对某个孩子教育成功的欣喜；可能是领导对你的肯定和表扬；可能是家长一个感谢的电话；可能是家人关心问候的一个短信……文字记录形式多样：可以是一篇短文，可以是一段感悟，可以是给孩子的一封信，也可以是一句话。在有温度的文字中，班主任逐渐形成了反思的习惯，逐渐理性和睿智，班主任不再只关注学生的成绩，而是更注重引导学生做人。当班主任用智慧和热情与学生共度生命历程、共创人生体验时，学生也一定能感受到班主任的温暖和爱，也一定会把这份温暖和爱回馈给班主任，这样的班主任一定是幸福的，职业生命是温暖的。

智慧树

成长　感恩　逐梦

——大拇指班十岁生日主题活动

一、设计背景

尊重长辈是中华民族的优良传统，在学生们十岁生日到来之际，这个成长的关键期，传承感恩美德，对于促进其个性发展，培养社会责任感，具有重要意义。

二、活动过程

（一）唱诵《感恩的心》（节选）（全体学生）

我们心相印　携手在一起
同心同德齐心协力
一同学文化　一同做游戏
互帮互助不遗余力
同甘共苦　传递深情厚谊
我们团结拼搏共同努力
我们传承友谊　我们热爱集体
亲爱的同伴　因为有你
感恩的心　感谢有你

欢乐童年　让我有动力做我自己

感恩的心　感谢同伴

聚散离合　我会始终惦记

（设计意图：师生在反复修改和诵读排练的过程中，引导学生感受师长对他们满满的爱。）

（二）成长的足迹

小品：《大拇指班的酸甜苦辣》（家长）

（设计意图：通过重现日常学习生活中的场景，引导学生感受师长在其成长过程中所付出的艰辛。）

（三）放飞梦想

小品：《三十年后》（学生）

（设计意图：通过展示同学们未来某一领域的卓越人物形象，激励大家从小要为理想的实现而努力。）

（四）谢师长礼

仪式：《感谢老师和家长》（全体学生）

（设计意图：通过仪式，引导学生学会感恩。）

（五）感恩有你——致全体家长

朗诵：《给家长的一封信》（全体师生）

三、活动成效

十岁生日会，给全班同学留下了美好的回忆，让大家明白了成长的意义，爱与责任的真谛。十岁生日，是一个快乐的纪念日，也是孩子们成长道路上新的起点，他们将心怀感恩，逐梦远航。

这个活动同时也拉近了老师与家长之间的距离，大家的目标更加一致，相互间更加信任。班主任在潜心育人的忙碌中收获了学生的成长，收获了家长的信任，收获了社会的理解，在彼此的感恩中体会到了做班主任独有的那份幸福、快乐。

练兵站

班主任的职业发展不是一帆风顺的，遇到困难与挫折时，班主任如何智慧化解？请结合自己工作实际，谈谈自己的心得体会。

作者简介

王艳萍，上海市实验学校，担任班主任 26 年，曾获得区“优秀辅导员”称号，区、校“优秀班主任”称号；所带集体获得区优秀中队；撰写的案例获教育署二等奖。